大连海洋大学湛蓝学者工程项目经费资助(02/500216202014)

我国专业学位研究生培养模式研究
——农业硕士做法及经验

张 瑜 著

东南大学出版社
SOUTHEAST UNIVERSITY PRESS
·南京·

图书在版编目(CIP)数据

我国专业学位研究生培养模式研究:农业硕士做法及经验/张瑜著. —南京:东南大学出版社,2017.6
 ISBN 978-7-5641-7215-2

Ⅰ.①我… Ⅱ.①张… Ⅲ.①农业院校-研究生教育-培养模式-研究-中国 Ⅳ.①G643

中国版本图书馆 CIP 数据核字(2017)第 136913 号

我国专业学位研究生培养模式研究——农业硕士做法及经验

出版发行	东南大学出版社
出 版 人	江建中
社　　址	南京市四牌楼 2 号(邮编:210096)
网　　址	http://www.seupress.com
责任编辑	孙松茜(E-mail:ssq19972002@aliyun.com)
经　　销	全国各地新华书店
印　　刷	虎彩印艺股份有限公司
开　　本	880 mm×1230 mm　1/32
印　　张	6.625
字　　数	191 千字
版　　次	2017 年 6 月第 1 版
印　　次	2017 年 6 月第 1 次印刷
书　　号	ISBN 978-7-5641-7215-2
定　　价	39.80 元

(本社图书若有印装质量问题,请直接与营销部联系。电话:025-83791830)

目 录

第一章 绪论

第一节 研究背景 ………………………………………… 3
第二节 问题提出 ………………………………………… 6
第三节 研究的意义 ……………………………………… 8
  3.1 理论意义 …………………………………………… 8
  3.2 现实意义 …………………………………………… 9
第四节 相关文献综述 …………………………………… 10
  4.1 国外研究现状 ……………………………………… 10
  4.2 国内研究现状 ……………………………………… 13
  4.3 研究述评 …………………………………………… 17
第五节 研究的主要内容和方法 ………………………… 19
  5.1 研究的主要内容 …………………………………… 19
  5.2 研究的主要方法 …………………………………… 20

第二章 研究的理论基础

第一节 专业学位教育发展历程 ………………………… 25
第二节 专业学位和学术学位的区别 …………………… 27
  2.1 培养目标不同 ……………………………………… 27
  2.2 培养过程不同 ……………………………………… 27
  2.3 评价方式不同 ……………………………………… 28

第三节　全日制专业学位和非全日制专业学位的区别 ·········· 29
  3.1 培养对象不同 ··· 29
  3.2 培养过程不同 ··· 29
  3.3 毕业去向不同 ··· 31
第四节　我国专业硕士领域设置 ····························· 32
  4.1 我国专业学位及对应的相关职业领域 ·············· 32
  4.2 我国农业硕士专业学位领域设置 ···················· 35
第五节　农业硕士专业学位的特点 ··························· 39
  5.1 职业性 ·· 39
  5.2 实践性 ·· 39
  5.3 研究性 ·· 39
第六节　相关基础理论依据 ·································· 40
  6.1 高等教育的大众化理论 ······························· 40
  6.2 马克思关于人的全面发展理论 ······················· 41
  6.3 现代人才观 ·· 42
  6.4 利益相关者理论 ······································ 42

第三章　专业学位研究生培养模式国外经验借鉴

第一节　美国专业学位研究生培养模式 ····················· 47
  1.1 发展历程 ··· 47
  1.2 学位制度 ··· 49
  1.3 培养模式 ··· 49
第二节　德国专业学位研究生培养模式 ····················· 53
  2.1 发展历程 ··· 53
  2.2 学位制度 ··· 54

2.3　培养模式 ································· 55
第三节　日本专业学位研究生培养模式 ············· 58
　　3.1　发展历程 ································· 58
　　3.2　学位制度 ································· 59
　　3.3　培养模式 ································· 60
第四节　韩国专业学位研究生培养模式 ············· 63
　　4.1　发展历程 ································· 63
　　4.2　学位制度 ································· 63
　　4.3　培养模式 ································· 64
第五节　国外经验总结 ··························· 66

第四章　我国专业学位研究生发展现状

第一节　我国专业学位研究生教育规模现状 ········· 72
第二节　我国专业学位研究生教育层次现状 ········· 74
第三节　我国专业学位研究生教育类型现状 ········· 76
第四节　我国专业学位研究生教育结构现状 ········· 77
第五节　我国专业学位研究生教育培养现状 ········· 80

第五章　我国专业学位研究生发展存在的问题

第一节　存在的主要问题 ························· 83
　　1.1　培养起步晚,规模较小,学位点少 ··········· 83
　　1.2　培养模式单一,培养目标不明确,人才适应性较差
　　　　 ··· 84
　　1.3　课程设置不合理,实践能力有待加强 ········ 86
　　1.4　研究生导师水平参差不齐,师资力量有待加强
　　　　 ··· 88

1.5　导师遴选革新程度不够,"双导师"师资队伍欠缺 …………………………………………………… 89

　　1.6　教育质量机制不健全,对实践考核需要进一步加强 …………………………………………………… 91

　　1.7　社会认同程度不够,就业前景不理想 ……… 93

第二节　存在问题的原因分析 …………………………… 95

　　2.1　我国研究生教育起步较晚,质量机制尚未建立、完善 …………………………………………………… 95

　　2.2　目标定位不准确,培养方向不明确 ………… 97

　　2.3　社会观念没有转变,研究型农业大学硕士生源成问题 ……………………………………………… 97

　　2.4　师资队伍的设置和发展存在缺陷 …………… 98

　　2.5　学科结构设置不均衡,不能满足社会现实需求 …………………………………………………… 99

第六章　我国专业学位研究生培养的主要模式

第一节　专业学位研究生培养模式的特征分析 ……… 103

　　1.1　专业学位研究生培养模式的本质特征 …… 103

　　1.2　专业学位与学术学位研究生培养模式的特征比较 ………………………………………………… 105

　　1.3　全日制与非全日制专业学位研究生培养模式的特征比较 ………………………………………… 108

第二节　专业学位培养模式的功能分析 ……………… 110

　　2.1　经济推动功能 ……………………………… 110

　　2.2　人才培养功能 ……………………………… 111

　　2.3　实践服务功能 ……………………………… 112

2.4 技术创新功能 …………………………………… 113
第三节 专业学位的主要培养模式 ………………………… 114
  3.1 专业学位的培养原则 …………………………… 114
  3.2 专业学位的特色课程体系 ……………………… 115
第四节 农业硕士综合改革试点工作推进意见 ………… 117
  4.1 指导思想 ………………………………………… 117
  4.2 工作思路 ………………………………………… 118
  4.3 目标任务 ………………………………………… 118
  4.4 工作任务和主要措施 …………………………… 119
  4.5 保障措施 ………………………………………… 122
  4.6 进度安排 ………………………………………… 123

第七章 农业硕士培养模式案例分析

第一节 中国农业大学农业硕士培养模式分析 ………… 127
  1.1 发展概况 ………………………………………… 127
  1.2 培养模式 ………………………………………… 128
  1.3 特色项目 ………………………………………… 135
  1.4 中国农业大学的启示 …………………………… 136
第二节 西北农林科技大学农业硕士培养模式分析 … 138
  2.1 发展历程与概况 ………………………………… 138
  2.2 培养模式分析 …………………………………… 140
  2.3 特色项目及优势 ………………………………… 144
  2.4 启示 ……………………………………………… 148
第三节 大连海洋大学农业硕士培养模式分析 ………… 150
  3.1 发展历程与概况 ………………………………… 150
  3.2 培养模式分析 …………………………………… 151

3.3　特色项目及优势 ……………………………… 160
　　3.4　启示 …………………………………………… 161

第八章　构建专业硕士培养模式的途径

第一节　逐步完善制度建设，不断深化思想认识 ……… 166
　　1.1　要转变政府职能，充分发挥专业学位教育指导委员会的作用，倡导高校自主办学 …………………… 166
　　1.2　在大学内部进行管理体制的改革，推进高校行政管理与学术管理的适当分离 …………………… 167
　　1.3　提高专业学位教育比重 ……………………… 167
第二节　改革和创新，不断完善学位体系 ……………… 169
第三节　培养目标立足本国国情，面向市场和世界 …… 170
　　3.1　面向市场，把握行业的需求信息 …………… 170
　　3.2　面向世界，把握国际学位与研究生教育发展动态
　　　　 ……………………………………………………… 171
第四节　明确专业学位培养目标 ………………………… 172
第五节　优化课程体系，形成多样化的培养模式 ……… 174
　　5.1　优化课程教学体系 …………………………… 174
　　5.2　科学设置课程内容及教学方法 ……………… 175
　　5.3　加快我国学位与研究生教育信息库、数据库、资料库以及教学案例的建设 ……………………… 176
第六节　完善"双导师"制度，加强师资队伍建设 …… 177
　　6.1　落实完善"双导师制"，构建适应专业学位硕士研究生教育的师资队伍 ……………………… 177
　　6.2　促进专业学位研究硕士生培养模式的各个要素协调发展 …………………………………………… 178

第七节 建立健全专业学位研究生教育质量评价与保障体系 ………………………………………………… 180
  7.1 完善专业学位教育质量评估体系 …………… 180
  7.2 加强和完善社会评估监督 …………………… 180
第八节 拓展入学形式和渠道,创新教学方法 ……… 182
  8.1 千方百计地吸引更多、更好的生源是研究型农业大学快速、健康发展的基本保证 ………………… 182
  8.2 通过建立校内外教学实践基地,来确保专业实践教学活动开展的条件和质量 ……………………… 183
第九节 提倡人才联合培养,共享社会资源 ………… 184
第十节 创新管理模式,树立开放、互动、和谐的管理理念 ……………………………………………… 185
第十一节 创建良好的学术环境,提升硕士研究生的创新能力 ……………………………………… 186
  11.1 形成科学合理的竞争激励机制 …………… 186
  11.2 形成有效的合作交流机制 ………………… 187
参考文献 ……………………………………………… 188
附件一 二级学院教师下基层工作实施方案 ……… 195
后记 …………………………………………………… 199

第一章

绪 论

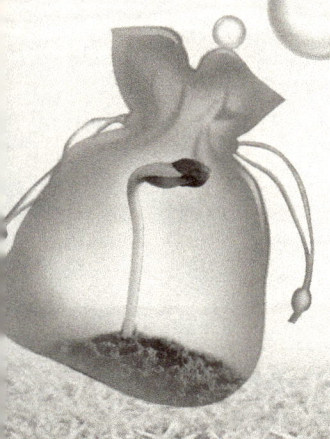

第一节 研究背景

随着科技的发展和教育改革的不断深入,社会对高素质人才培养提出了新的、更高的要求。在这样的社会背景下,我国的专业硕士研究生教育应运而生。专业学位是现代高等教育学位体系的重要组成部分,是伴随社会生产力的发展对高层次应用型人才需求日益增长的背景下日益发展起来的。当前,在产业结构优化升级和促进国民经济快速发展的大背景下,对专业学位研究生教育的开展提出了新的挑战,对专业学位研究生教育发展问题的研究对于丰富和发展我国专业学位研究生教育、推动学位制度改革具有重要作用。党的十八大报告提出,走中国特色高等教育发展道路的核心是提高质量,推动高等教育内涵式发展。以改革创新为动力,推动高等教育领域的改革,突破重点领域和关键环节的体制机制性障碍。我国专业学位研究生教育经历了二十余年的发展,专业学位的种类在不断增长,培养规模日益扩大,社会影响力也不断增强。在开展外延式发展的同时,应当注重专业学位研究生教育的内涵式发展,这与我国新时期高等教育的发展趋势相一致。专业学位研究生教育内涵式发展必须建立在专业学位研究生教育制度完善和人才培养质量提升的基础之上。

我国硕士研究生分为学术型硕士和专业型硕士两类。

全日制专业学位硕士研究生与学术学位硕士研究生属同一层次的不同类型，是同级水平的学位，这两类学位在很多方面（如考生来源、招考时间、录取原则、教学时间、文凭授予等）都是相似的，但仍有许多不同之处。学术学位硕士研究生教育主要培养科研后备力量以及以科学研究为职业方向的人才；全日制专业学位硕士研究生的培养目标是培养具有扎实理论基础、并适应行业或职业实际工作需要的应用型高层次专门人才，因此，对学生知识结构和能力结构、培养要求等各方面都着重突出"应用型、复合型、高层次"的人才培养特色。根据我国的有关规定，学术型研究生教育是以培养教学和科研人才为主的。专业学位研究生教育是以培养满足社会职业和岗位需要为主要目的的，培养实践型、应用型、综合型人才，通常要求学员具有特定年限的职业背景。很多专家认为，专业学位研究生教育和学术型研究生教育均是培养高层次人才的重要方式和手段，两者具有不同培养目的、培养方案和特点，但在各类专门人才培养中具有同等重要的作用。

在我国，1991年正式开始实行专业硕士研究生学位教育制度。随着专业学位教育种类的不断增多，培养规模的不断扩大，到2008年，我国已设置了工商管理、公共管理、农业推广和工程硕士等19种专业硕士学位，参与招生培养的院校总数达431个，占我国硕士学位授权单位总数的60%，专业学位教育已累计招生86.5万人，其中学历教育招生24.6万人，占专业学位教育总体招生数的28.4%；在职研究生招生61.9万，占专业学位总体招生数的71.6%。2010年专业学位的招生比例由 2009 年的 10.7% 增加到 25%，2011 年招收人数则增加到了 14.9 万，2015 年专业学位硕士研究生总招生人数为 25.2 万。

我国研究生教育在三十余年的发展过程中，为国家培养了大批高级专门人才，极大地促进了我国社会主义现代化事业的发展。然而，在我国研究生教育大发展的同时，也应看到它在改革与发展中所面临的诸多问题。高等教育的扩充特别是本科教育的扩张，使研究生教育的功能不能只限于培育社会领导阶层的精英，更需要的是覆盖一般社会大众的职业准备。这些年，我国人才培养规格过分强调学术性、研究性和规范性，实践能力和创新精神不足的问题已引起社会各界的高度重视。

第二节 问题提出

专业学位作为社会发展和科技进步背景下而设置的一种新型学位类型,在其产生和发展过程中一直具有较强的针对性,主要是针对特定职业领域的需要,培养专业能力较强的高层次应用型专门人才。与传统学术型研究生教育相比,专业学位研究生教育的模式和特征更为独立,具有明确的职业和专业指向性。专业学位研究生教育具有相对独立的教育模式,是职业性与学术性的高度统一。专业学位研究生教育体系是现代高等教育学位体系的重要组成部分,在社会分工细化的背景下,专业学位在丰富人才培养类型和提升社会现代化水平中发挥着独特作用。专业学位在世界范围的发展因地域和国情的差异,发展程度也各不相同。我国目前已初步建立了具有中国特色的专业学位体系,为社会主义现代化建设培养了一批高层次应用型人才。这是我国专业学位研究生教育取得的成就。但与此同时,在产业结构优化升级和促进国民经济快速发展的大背景下,也对专业学位研究生教育提出了新的挑战,对专业学位研究生教育发展问题的研究对于丰富和发展我国专业学位研究生教育制度、推动学位制度改革具有重要作用。

社会传统的影响和学位制度发展水平的制约,造成了我国研究生教育长期以来的人才培养目标是具有独立从事科学研究或教学工作能力的教学科研人才这一状况。然而,随着社会经济的发展和社会需求的变化,传统的单一型、学术型人才培养模式很显然已经不能适应社会经济的发展对研究生教育的需求。国际上高等教育发展程度较高的国家大多都注重在研究生教育层次培养社会需要的应用型人才,尤其是在硕士层次,有的国家专业学位研究生教育的比例比学术型研究生教育的更高。这就将培养纯粹科研型高层次人才的目标转移到了更高层次的博士学位一级。国外的研究生教育也是历经了发展变革后开创的新型发展模式,虽然我国目前与之相比在发展程度上有差距,但这也是研究生教育制度革新的必经阶段。从以培养学术型人才为主转向以培养应用型人才为主,是我国研究生教育制度变革的一大趋势。因此,专业学位研究生教育的完善是我国研究生教育制度革新的现实需求,专业学位研究生教育的完善与革新势必促进研究生教育制度的变革和发展。

  总体来看,国内学者对专业硕士培养模式有了一定研究,但关于学术型研究生教育与专业学位研究生教育的比较研究甚少,且大多学者在研究专业型硕士研究生模式时,多是停留在理论研究的层面,没有抓住并发现阻碍我国专业型教学模式的影响和束缚因素,对学术型培养模式具有较强的路径依赖。

第三节　研究的意义

我国专业学位研究生教育发展很快,但专业学位研究生教育人才培养模式改革却进展迟缓。不少专业学位研究生教育单位更看重发展专业学位教育所带来的经济效益,而对人才培养模式改革并不热心。有的高校虽然有心进行人才培养模式改革,但却不知道从何处着手,缺乏有效的方法和具体实施措施。

3.1　理论意义

本书所研究的全日制专业学位硕士研究生培养是研究生培养方式的一种,它的产生和发展打破了研究生教育一直以来以学术学位研究生培养为主导的学位失衡局面,有利于学位与研究生教育培养模式的多样化发展,有利于学位与研究生教育理论的丰富和完善。我国专业学位研究生教育起步较晚,全日制专业学位研究生又是一个新生事物,目前对全日制专业学位硕士研究生培养的研究尚不够系统、深入。本书试图对全日制专业学位硕士研究生培养改革进行深入研究,从理论上对其进行探讨,弥补这方面学术理论研究的不足,从而对我们科学地、全面地认识全日制专业学位硕士研究生教育有所助益,进而使学位与研究生教育理论得到进一步的丰富和发展。

3.2 现实意义

伴随着知识资本化、经济全球化、信息网络化时代的到来，当前社会对应用型、复合型高层次人才的需求不断增加，我国高等教育走出了"象牙塔"向大众化迈进，并与社会经济的发展建立了密切的联系。作为教育最高层次的研究生教育，其规模也在不断扩展，并取得了巨大的成就。但与此同时我国研究生教育也暴露出了许多问题，如研究生教育重理论课程学习、轻实践应用，学生毕业后不能适应市场需求，研究生培养类型定位不够合理，学术型与专业型研究生比例悬殊且专业学位研究生教育照搬学术学位教育的培养模式等。这些问题致使培养的人才与社会需求脱节，严重影响并制约了硕士这一层次教育作用的充分发挥。因此，本书试图通过考查全日制专业学位硕士研究生培养改革的背景及价值取向，深刻认识其本质属性，结合全日制专业学位硕士研究生培养过程中暴露出的相关问题，为解决这些问题提供思路，推动全日制专业学位硕士研究生教育更好更快地发展。

第四节 相关文献综述

4.1 国外研究现状

通过查阅相关文献资料,例如中华人民共和国教育部、国家教育统计中心、美国教育部等机构的相关资料,经整理分析发现,国内外学者关于"专业学位研究生教育"的相关研究主要围绕以下问题展开。

4.1.1 关于国外专业学位研究生教育发展历史的研究

周洪宇以英国、美国等西方发达国家和日本、印度、中国为研究对象,对各国学位与研究生教育的发展历史进行了梳理。① 作者在书中写道:我国研究生教育还存在着一些亟待解决的问题。从宏观角度来看,高校缺乏办学自主权,行政化倾向严重;研究生教育过于偏重理论,难以与经济社会的发展相适应;研究生教育缺乏国际竞争力,难以在世界立足等等。从中观角度来看,研究生教育层次分布与科类结构不尽合理,教学方法缺乏灵活性与多样性,研究生培养质量得不到保障。通过梳理研究生教育发展的历史,概括总结出其

---

① 周洪宇.学位与研究生教育史[M].北京:高等教育出版社,2004.

对我国研究生教育发展的启示：一是要审时度势，认清现实条件，抓住教育发展的机遇；二是要善于总结其他国家的经验教训；三是要推行试点工作，发挥其辐射作用；四是要坚持走内涵式发展道路，不仅仅是关注规模的扩张，更要关注质量的提升；五是要坚持理论联系实际，重视实践教学，重视将理论学习和实践锻炼结合起来。此外，作者深刻地反思了我国研究生教育的发展历程，设想了研究生教育未来发展的蓝图，希冀当代人能够顺应时代潮流，把握历史趋势，立足现在，着眼未来，进行研究生教育改革，促进研究生教育快速发展。田莉在其论文中将美国专业学位教育划分为探索时期、形成时期、发展时期和成熟时期四个发展阶段，认为美国专业学位发展的根本原因是受到美国经济社会发展的推动，是专业学位的特征使然，还有美国本土实用主义文化的推动。[①]文中论述了美国发展专业学位的经验，以供我国借鉴：从思想上要高度重视专业学位教育；在行动上大力支持专业学位教育；教学方法要灵活、要多样化，教学与实践要相结合。邓光平梳理了国外专业博士学位的发展历程，详细论述了国外专业博士学位的产生、发展历史、属性及其不断发展的动力，认为专业学位教育的本质属性是以职业应用为导向的，美国专业学位之所以发展迅速的原因有以下几个方面：经济社会发展对实用型人才的需求旺盛；大学不再局限于教学与研究功能，服务社会的功能不断强化；社会各个职业领域越来越

---

① 田莉.美国专业学位的发展历程及其启示[J].中国研究生，2007(8)：48-51.

专门化。① 其对我国的启示是：深刻认识专业学位的重要性；发挥专业学位的特色；重视实践教学，产学研相结合；加强专业学位与职业任职资格之间的衔接。陈庆华等搜集了丰富的教育史料，进而详细呈现了美国研究生教育的发展与变化历史。他们将美国研究生教育的发展历程划分为萌芽阶段、初步形成阶段、正式形成阶段、多元发展阶段、大力发展阶段、萧条与恢复阶段六个时期，而且详细阐释了每一个时期的特征和发展状况。② 为我们了解美国专业学位教育的发展提供了丰富的参考资料。

4.1.2 关于国外专业学位研究生培养模式与质量保障机制的研究

田学真等认为：美国专业学位研究生教育已经进入一个比较稳定成熟的时期，其培养模式已经发展到相当成熟的阶段：以严格的入学条件为基础，广泛吸收来自世界各地的优秀学子，具有显著的国际化倾向；以多层次培养目标为指导，因材施教，注重学生的个性差异，特色鲜明；以多元化培养方式为核心，注重综合能力的培养；以社会性评估为主导，内部评估与外部评估协同发挥作用。③ 虽然社会形态不同，各国专业学位研究生教育的培养模式也各有差异，但取其精华弃

---

① 邓光平. 国外专业博士学位的历史发展及启示[J]. 比较教育研究，2004(10)：27-31.

② 陈庆华，沈跃进. 美国研究生教育的历史研究(上中下)[J]. 学位与研究生教育，1993(1,2,3).

③ 田学真，张俊. 美国专业学位研究生培养模式及其启示[J]. 研究生教育研究，2012(3)：91-95.

其糟粕,绕过国外专业学位研究生教育走过的弯路,借鉴其成功的经验,可以为当前我国专业学位研究生培养模式改革提供有益的指导。我国专业学位研究生培养模式改革,需要改变专业学位研究生入学形式,完善专业学位研究生招生制度,更加注重对能力的考查;明确专业学位研究生的培养目标,合理规划专业学位的规模和结构,走适度发展和内涵式发展道路;充分发挥高校办学自主权,办出特色,办出效果;将社会性评估机构纳入评价主体,实现评价主体多元化,健全专业学位研究生教育的质量评估体系。近年来,也有一些学者研究了行业协会对保障专业学位教育质量的作用。如:邓光平在其论文中认为美国的行业组织在进行专业认证、监督任职资格考试、评价人才培养质量等方面起着重要作用,要进一步发挥行业协会在专业学位研究生培养过程中的作用,重视行业协会的评价功能。①

4.2 国内研究现状

4.2.1 关于我国专业学位发展历史的研究

由吴镇柔等主编的《中华人民共和国研究生教育和学位制度史》,可以看作是我国第一部专门论述学位与研究生教育的著作。② 作者在书中对我国从 1949 至 1998 年四十九年间研究生教育发展的历程做出了详尽的阐述,系统论述了每

---

① 邓光平. 美国行业组织与第一级专业学位研究生教育的质量保障——以 ABA 在 J. D. 学位计划中的作用为例[J]. 高等教育研究,2010(7):77-82.
② 吴镇柔,陆叔云,汪太辅. 中华人民共和国研究生教育和学位制度史[M]. 北京:北京理工大学出版社,2001:3-4.

一个阶段我国研究生教育和学位制度的特点和探索尝试所做的努力,为相关方面的研究提供了大量充足的资料。黄宝印回顾了我国专业学位研究生教育的发展历程,将其划分为对高层次技术人才培养工作的探索尝试和专业学位在我国的起步与发展两个阶段。在此基础上,按照设立时间的先后顺序,详细介绍了当时已有的 16 种专业学位的基本情况。①

4.2.2 关于专业学位基本属性的研究

别敦荣等从专业的内涵入手,指出专业是高度专门化的社会职业,专业学位是为了满足特定专门职业的需求、以培养特定专门应用人才为目标的,职业性和实践性是专业学位的基本属性。②詹婉华指出专业学位的职业指向性不是指一切职业,而是特指文化和科技含量高的职业,把专业学位称作职业学位,泛化了专业学位的内涵与外延,把专业学位教育混同于职业教育更是有失偏颇。③石中英认为将专业学位的专业性理解为职业性,是一种误读,面临着概念危机、基础危机、制度危机,制约了专业学位的发展,因此,他提出了建设性的建议以应对这些危机。如:有关部门在计划增设新的专业学位类型时,一定要充分调研求证其对应的职业类型的专门化程度;进一步完善专业学位的质量评价机制。④

---

① 黄宝印.我国专业学位研究生教育发展的回顾与思考[J].学位与研究生教育,2007(6):4-8.
② 别敦荣,赵映川,闫建璋.专业学位概念释义及其定位[J].高等教育研究,2009(6):52-59.
③ 詹婉华.专业学位"职业性"属性的探讨[J].江苏高教,2008(4):90-91.
④ 石中英.论专业学位教育的专业性[J].学位与研究生教育,2007(1):7-11.

4.2.3 关于专业学位研究生培养质量的研究

别敦荣等在其论文中提到我国的专业学位研究生教育由于发展历史较短,还不够成熟,质量保障机制也不够完善。借鉴美国专业学位研究生教育质量保障的经验,充分发挥高校、行业协会、市场和政府的多方力量,形成合力,共同发挥作用,是推进专业学位研究生教育发展的必由之路。[①] 吴小林等从创新人才培养模式、完善支撑保障体系的角度提出了保障专业学位研究生培养质量的途径和方法。[②] 张东海等运用调查研究的方法,对专业学位研究生培养质量进行研究,调查结果显示:全日制专业学位研究生的社会认同度有待提高,生源质量也有待提升;培养过程与学术型研究生同质化严重,一部分导师缺乏实践经验,学生学位论文选题实践性不强。因此提出要改革培养模式,完善培育机制,突出专业学位研究生的特色,以提升其培养质量。[③] 许长青以华南地区综合型大学专业学位硕士研究生为调查对象,抽样调查发现:该地区专业学位硕士研究生培养质量整体来说比较令人满意,但不同专业的培养质量差别很大、良莠不齐。建立综合型大学内部质量保障机制,并完善相应的外部配套设施,

---

[①] 别敦荣,陶学文.我国专业学位研究生教育质量保障体系的反思与创新[J].学位与研究生教育,2009(3):42-48.

[②] 吴小林,陈勉,宁正福,等.创新理念机制全面提高专业学位研究生教育质量[J].中国高等教育,2013(21):45-47.

[③] 张东海,陈曦.研究型大学全日制专业学位研究生培养状况调查研究[J].高等教育研究,2011(2):83-90.

是促进专业学位研究生教育可持续发展的关键。①

4.2.4 关于专业学位研究生培养模式的研究

对专业学位研究生培养模式的研究,是近几年相关领域研究的重点和热点。

陶学文通过梳理我国专业学位的发展现状以及存在的问题,进行归因分析,最后提出从明确培养目标、完善顶层制度设计、加强与职业任职资格的衔接等方面,促进专业学位研究生培养模式改革。② 黄宝印认为专业学位的培养模式要设置特色化的培养方案、多种渠道招生,采用面向实际的教学模式。专业学位在我国发展的现实条件有:研究生招生人数不断增加;研究生培养机制改革;社会实际部门的迫切需求。他提出了专业学位进一步发展的建议:对专业学位教育进行顶层制度设计;加深对专业学位历史、属性和作用的认识;加强与企事业单位、各行各业的联系,实行联合培养。③ 王桂荣等在论文中提到管理类全日制专业硕士培养过程中存在一些问题:课程设置不合理;培养模式不够科学;实践教学落实不到位;学位论文形式单一;考核机制不够健全。相应的解决对策是:合理调整培养方案,制定新方案,科学设置课程;更新教育理念,构建科学的专业学位硕士研究生培养

---

① 许长青.专业学位硕士研究生教育质量发展评估报告:以华南地区研究型大学为例[J].现代大学教育,2012(3):93-100.
② 陶学文.我国专业学位研究生培养模式及其创新研究[D].武汉:华中科技大学博士学位论文,2011.
③ 黄宝印.我国专业学位研究生教育发展的新时代[J].学位与研究生教育,2010(10):25-27.

新模式;加强学校与企事业单位的联系,保障实践教学的效果。[①] 邹碧金、陈子辰认为专业学位的本质特征包括职业性、实践性和综合性三方面[②];史雯婷提出专业学位的基本属性包括知识属性和职业性[③];刘国瑜认为职业性、学术性和研究性是专业学位的三大基本特征[④]。

综上可以看出,不同学者针对专业学位研究生培养模式的本质特征或者属性阐述的观点是不同的。其中,"职业性"被各个学者认为是专业学位研究生教育必不可少的一个重要本质特征,其他的实践性、综合性、研究性等观点都是从职业性的角度出发而提出来的。虽然表述方式不同,但是从职业性角度去考虑专业学位研究生的本质特征是众多学者们的共同出发点。

4.3 研究述评

目前,国内外对专业学位研究生教育的相关研究,涉及专业学位研究生教育的发展历史、内涵、基本属性、培养模式和质量保障等各个方面。当前的研究在取得显著成绩的同时,依然存在很多不足:第一,对专业学位发展历史的研究只

---

① 王桂荣,赵敏.管理类全日制专业硕士学位研究生培养中的问题与对策研究[J].石油教育,2012(3):62-65.
② 邹碧金,陈子辰.我国专业学位的产生与发展——兼论专业学位的基本属性[J].高等教育研究,2000(5):49-52.
③ 史雯婷.专业学位研究生教育的基本属性探讨[J].学位与研究生教育,2004(10):32-35.
④ 刘国瑜.论专业学位研究生教育的基本特征及其体现[J].中国高教研究,2005(11):31-32.

是对专业学位的发展历程进行梳理，缺少对不同时期专业学位发展状况的纵向对比研究，缺少从历史的角度论述不同时期专业学位发展的可能性和必然性。第二，对专业学位内涵定位的研究，大多是从区分专业学位与学术学位的概念与特征层面进行研究，缺少对专业学位教育与职业教育的区分。第三，对专业学位培养模式的研究，大多是对当前模式存在的问题做出实然的呈现，缺少从历史、社会、经济等视角进行的归因分析；或者是探讨国外专业学位培养模式对我国的启示，到目前为止，还未能构建一套真正适合我国国情的专业学位研究生培养模式；大多数研究都是单纯的理论研究，结合某一地区进行实证研究的还不多；已有研究大多为定性研究，运用统计工具进行数据分析，定量研究和定向研究相结合的还不多见。第四，在对专业学位研究生质量保障机制的研究方面，多是从高校的角度提出调整培养方案等措施，从政府、行业协会等角度提出具体举措的还不多见。

第五节　研究的主要内容和方法

5.1　研究的主要内容

十八大提出要"勇于推进实践基础上的理论创新"。本书围绕复合型、应用型高层次人才的培养目标，以提升全日制专业学位硕士研究生教育质量为宗旨，汲取协同培养的时代主题，进行我国专业学位硕士研究生培养模式的研究。研究分为八章，具体内容如下：

第一章，绪论。本章阐述研究背景、问题起源，明确研究意义，对已有研究成果进行归纳梳理，指出研究内容与研究方法。

第二章，研究的理论基础。本章主要阐述研究生专业学位教育发展历程、专业学位与学术学位的区别、我国专业硕士领域设置情况、农业硕士专业学位的特点、相关基础理论依据，为下文研究奠定基础。

第三章，专业学位研究生培养模式国外经验借鉴。本章选择了美国、德国、日本和韩国作为可参对象，分别介绍了不同地区专业学位硕士研究生教育的现状、特征及可借鉴经验。

第四章，我国专业学位研究生发展现状。回顾我国专业学位研究生教育发展历程，在探索中前行、改革中完善、突破中发展，深入总结发展经验，展望未来发展方向，对我国专业学位研究生教育的可持续发展，具有重要意义。通过调研，了解我国专业学位硕士研究生教育发展现状,包括规模现状、层次现状、类型现状、结构现状、培养现状。

第五章,我国专业学位研究生发展存在的问题。在现状分析的基础上,提出全日制专业学位硕士研究生教育存在的问题及原因。由于我国专业学位教育发展的起步比较晚、起点比较低,目前还存在着专业学位教育规模偏小、优秀教材与案例缺乏、师资总体水平有待提高、专业学位与职业或岗位任职资格之间的衔接不够紧密和质量保证措施尚需完善等问题。有的问题已经有所改善,但有的问题依旧比较突出,本章对产生上述问题的原因进行了深入剖析。

第六章,我国专业学位研究生培养的主要模式。本章对我国专业学位硕士研究生培养模式的特征、优化功能及主要模式和研究生综合改革进行相关总结分析。

第七章,农业硕士培养模式案例分析。本章以中国农业大学、西北农林科技大学、大连海洋大学为例,对我国农业硕士培养模式进行具体案例分析,分析其相关发展历程和特点以及特色项目和优势。

第八章,构建专业硕士培养模式的途径。我国的研究生教育相对来说还很不成熟,目前的专业硕士培养模式还不能很好地适应我国社会经济发展的需要,同时我们更应该注意我国的特殊国情,探索出具有中国特色的专业硕士培养模式。

5.2 研究的主要方法

5.2.1 文献法

文献资料讲求重量求质,可用于进行内在分析,并贯穿于研究全过程。本书使用的文献资料有三类：相关理论成果和实践成果；全日制专业学位硕士研究生教育的相关政策，招生人数、招生单位等历史变化数据以及中外高校的培养方案；有关专业学位研究生教育质量、培养模式等方面的文献资料。文献法为本文的顺利进行夯实基础。

5.2.2 调查研究法

本书采用的调查研究法以问卷调查为主，以访谈为辅，依据研究生培养模式的核心要素，设计调查问卷，通过现场发放、网络传递等方式，选取中国农业大学、南京农业大学、西北农林科技大学、东北林业大学、大连海洋大学等高校进行全日制专业学位硕士研究生培养的现状调查，分析培养现状，搜集满意度数据，进行满意度分析。对全日制专业学位硕士研究生、导师、管理人员进行访谈，获取可靠的一手资料及相关建议，通过访谈，以确保研究立场及观点的真实性和代表性。

5.2.3 比较研究法

在国外培养经验借鉴方面，主要选择了美国和韩国作为可参对象。选择这两者，是因为美国创造性地确立了应用型培养模式，是专业学位研究生教育的发源地；而韩国的专业学位硕士研究生教育则颇具创新性。同时对我国香港地区和大陆地区的专业学位硕士研究生教育进行了经验归结，进而提供有效的培养经验借鉴。

5.2.4 理想类型法

基于全日制专业学位硕士研究生培养工作的复杂性，本书使用了马克斯·韦伯的理想类型法。理想类型法在本书中的运用体现在：简化培养模式与培养体系的逻辑关系，服务于培养模式建立的基本思路和内在逻辑；从繁复的培养活动中，明确培养单位、政府、产业及社会性评价机构四大培养主体，并抽离出培养目标、培养方式、课程体系、过程监督与管理、质量评价作为培养模式的构成要素，进而服务于模式构建的现实尺度和实现依据。

我国自1999年首次设置农业硕士至今将近20年，先后为农业技术推广和农村发展培养了大批高层次和复合型人才。目前专业硕士的数量已经占到全国硕士招生总量的50%，农业硕士每年的招生规模也逐年增长。农业硕士是我国专业学位研究生教育的重要组成部分，它是适应经济社会发展的需要设立的，丰富了我国学位制度，完善了人才培养形式。我国是农业大国，从事农业相关领域工作的人员众多，长期以来，他们很难得到系统的学习提高，没有一种适合他们的高层次学位教育。农业硕士的设立弥补了这个空缺，可以让他们掌握农业推广领域的基础理论、系统的专业知识以及相关的管理、人文和社会科学知识，扩大他们的知识面，使其掌握解决农业问题的先进技术和现代技术手段，培养他们的创新意识和独立担负农村与区域发展管理工作的能力。农业硕士教育贯穿质量提升的基本理念，挖掘培养模式的动态特质，将其视为动态运行体，构建全日制专业学位教育培养模式以优化其培养体系，既有对当下协同培养观念的深入分析，也有解答教育领域问题的多重定位思考，这一定位取向具有一定的新颖性。

第二章
研究的理论基础

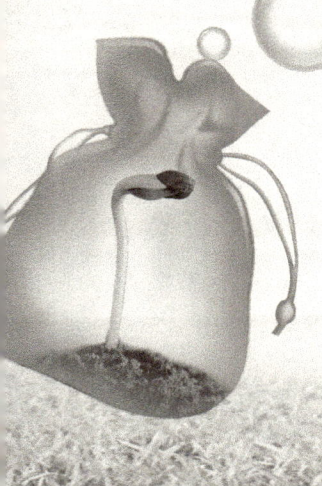

第一节　专业学位教育发展历程

专业学位的前身是职业学位，为了更符合我国国情，1990年国务院学位委员会决定，将"职业学位"修改为"专业学位"，专业学位指的是"那些与学术性学位在培养目标、教学方法、授予学位的标准和要求等方面都有所差异的学位"。自从1990年我国设置专业学位以来，先后设立了法律硕士、建筑学硕士、工程硕士、MBA、临床医学硕士、教育硕士等多种专业硕士学位。在很多发达国家，都将获得专业学位作为从事某项职业的必备条件，如某些国家的工程师或者医生职业必须是在经过专门的高水平的职业训练、到达一定水平之后被授予其某种职业学位，才具备从事这项职业的资格。当时我国专业学位的作用并没有将获得某种专业学位作为从事某项职业的前提条件，而只是作为对学习者在学术水平方面的认可。所以，改为"专业学位"更易于为人们接受，也更符合我国的国情。专业学位的设置，一方面为在职人员继续接受正规的研究生教育开辟了一条新途径，另一方面也改变了我国学位规格、类型单一的状况，是我国研究生教育改革的一项重要内容，符合当时社会发展对高层次应用型专门人才的迫切需求。同时，专业硕士学位的产生标志着我国高等专业教育的层次上移，也标志着我国研究生教育逐渐融入了终身教育的理念。为了适应社会发展和国家经济建设对高层次人才的迫切需要，积极发展具有中国特色的专业学位教育,教育部决定自 2009 年起,扩大招收以应届本科毕业生为主的全日制硕士专业学位的范围,开展全日制专业学位硕士研究生教育。所谓全日制专业学位硕士研究生指的是通过全国统一入学考试进入高等学校,以全日制方式学习,人事关系和组织关系完全转入培养单位,按照专业学位硕士研究生培养的学生。

  1990 年,农业部《中国农科研究生教育发展战略研究》提出要培养农业科技推广、临床兽医类应用型研究生。1996 年,农业部"九五"研究生教育发展战略提出在我国设置农科专业学位的初步构想。1996 年,农业部批准部分高校开展应用型研究生培养试点。1997 年,国务院学位办、农业部教育司、全国农业技术推广服务中心、全国畜牧兽医总站联合发出《关于组织农科专业学位背景情况调研的通知》,得到了各推广系统和有关高校农业院校的积极响应,有 18 个省(市、区)和 6 所农业大学开展了农科应用型研究生知识、能力、需求调研工作。1998 年 1 月 8 日,国务院学位办和农业部教育司在中国农业大学召开了农科专业学位调研工作汇总研讨会,正式提出设置农科专业学位。1999 年 5 月,国务院学位委员会第 17 次会议批准设立农业推广硕士(暂用名),审议通过了《农业推广硕士专业学位设置方案》。2000 年开始成立指导委员会、开展培养单位授权和组织招生工作(在职培养)。2009 年开始全日制专业学位研究生培养。截至 2016 年共有 106 个培养单位。2000—2016 年累计录取在职研究生 151 321 人,至 2015 年共授予学位 71 500 人,农业硕士专业学位已经成为我国较大规模的专业学位之一。根据农业教指委〔2016〕3 号文,2016 年 10 月农业硕士专业学位由 15 个培养领域确定调整为 8 个领域。

第二节 专业学位和学术学位的区别

专业学位硕士研究生与学术学位硕士研究生属于同一层次的不同类型,是同级水平的学位,这两类学位在很多方面(如考生来源、招考时间、录取原则、教学时间、文凭授予等)都是相似的,但仍有许多不同之处,区别主要表现在:

2.1 培养目标不同

学术学位硕士研究生教育主要培养科研后备力量及以科学研究为职业方向的人才;专业学位硕士研究生的培养目标是培养具有扎实理论基础并适应行业或职业实际工作需要的应用型高层次专门人才。因此,专业学位硕士对学生知识结构和能力结构、培养要求等各方面都着重突出"应用型、复合型、高层次"的人才培养特色。

2.2 培养过程不同

由于二者培养目标的不同,直接导致了培养过程的差异。学术型研究生培养过程从课程设置、导师指导、教学组织以及论文评价等整个培养过程都是围绕对知识的探究来展开的,更加注重基础教育和理论教育,注重理论原创性研究,体现出理论研究的探究性特点;而专业学位硕士研究生的培养过程则在课程设置、教学方式、导师指导、论文研究等方面都表现出明显的专业性和务实性特点,更加注重实行双导师制、安排案例教学、课堂讨论等教学活动形式,突出实践环节,注重应用性、开发性研究与设计以及增长学生的实际工作经验,提高专业素养及就业创业能力。实践环节的增设是与原培养环节最明显的区别,这加大了对人才应用能力和实际工作能力培养力度,也成为学校培养和企业实践要求的重要衔接点。专业学位硕士研究生培养过程中会有专门的企业实习或者基地实习培养环节。

2.3 评价方式不同

与学术学位硕士研究生相比,专业学位硕士研究生的质量观和评价主体、评价标准都发生了明显的变化。其质量观是毕业生是否为市场急需的应用型、复合型、高层次专门人才,能够直接从事某种职业,掌握某种工作技术与方法,适应市场和用人单位的职业需求;评价主体也实现多元化,以社会、市场及企业单位作为质量评估的主体并以社会、市场及企业单位对人才的现实要求作为评价的客观标准。

第三节 全日制专业学位和非全日制专业学位的区别

3.1 培养对象不同

全日制专业学位硕士研究生生源与非全日制专业学位研究生生源的最大区别在于是否具有一定的相关工作经历。2009 年以前,非全日制专业学位研究生教育主要针对的是已经工作的在职人员,生源一律要求具备一定年限的相关工作经历,这些学生的求学目的比较明确,更加明白社会的复杂性,往往知道自己需要什么样的知识,更加清楚自己的工作与知识之间的联系,对于课堂知识的理解会因为社会经历的不同而变得更为深入,因此他们的学习更具有针对性;全日制专业学位硕士研究生教育的生源以应届本科毕业生为主,这些学生由于自己经历所限,这方面的意识相对淡薄,加上很多学生对研究生教育并不很了解,在校期间比较盲目。生源的这一区别决定了全日制专业学位硕士研究生培养不能照搬非全日制专业学位研究生的培养方式。

3.2 培养过程不同

非全日制专业学位研究生入学考试 2017 年以前通常是

在每年的 10 月份进行的"联考",全名为"在职人员攻读硕士学位全国联考";全日制专业学位硕士研究生入学考试与每年年初举行的"全国硕士研究生统一入学考试"一起举行。2016 年,教育部《关于统筹全日制和非全日制研究生管理工作的通知》出台,2017 年组织的全国研究生考试为非全日制研究生统考的第一年。

非全日制专业学位研究生教育的培养对象为在职人员,因此以在职攻读为主,实施非全日制培养,主要利用双休日、假期教学;全日制专业学位硕士以应届本科毕业生为生源,实行全日制培养,没有了工作的牵绊,培养时间比较固定,课堂学习时间得到保证,学习时间充裕,学习精力也比较集中,促使其对专业知识的学习更加系统和深入,组织教学活动也比较统一规范。

此外,由于非全日制专业学位研究生多采取集中时间突击学习的方式,加之工作和学习矛盾的影响,有的培养单位放松了管理,质量要求也不够严格,其中混学位的人不在少数,培养质量得不到保证,导致其社会认可度不高。随着社会经济的发展,专业学位研究生教育不仅要满足在职人员的需要,更重要的是要吸引优秀生源,调整优化硕士研究生培养结构,成为高层次人才培养的主体。因此,专业学位教育有双重任务:一是吸引优秀应届毕业生,实施全日制学习方式,培养实践部门需要的应用型人才;二是面向在职人员,开展非全日制学习方式。

3.3 毕业去向不同

大多数非全日制专业学位研究生在毕业后不需要考虑就业问题,一般回原单位继续工作,甚至会有升职的机会;全日制专业学位硕士研究生没有职业背景,他们的主要目的就是通过学习,拿到文凭,从而顺利就业。所以,必须把全日制专业学位硕士的就业问题当成是培养模式的归宿点,在提高其个人就业能力的同时,提供相符的就业机会,解决就业问题。在文凭授予上,2017年以前非全日制专业学位硕士只授予学位证书没有学历证书;2017年以后非全日制专业学位硕士和全日制专业学位硕士则全部颁发学位证书和学历证书。

第四节　我国专业硕士领域设置

4.1　我国专业学位及对应的相关职业领域

我国已设置的 40 种专业学位类别，是在经济社会发展需求与教育发展需求相呼应的基础上，逐步设置、稳妥发展起来的。与按招生学科门类分为 13 大学科门类的学术学位不同，专业学位按照专业类别划分并有相对应的职业领域，详见表 2-1 所示。

表 2-1　40 种专业学位及对应的相关职业领域

序号	专业学位类型	英文名称及缩写	获批年份	对应的职业领域
1	金融硕士	Master of Finance (MF)	2010 年	银行从业人员 证券业从业人员 期货业从业人员 注册国际投资分析师 精算师 金融理财师 国际金融理财师
2	应用统计硕士	Master of Applied Statistics (M.A.S.)	2010 年	统计人员
3	税务硕士	Master of Taxation (MT)	2010 年	注册税务师 税收征管人员
4	国际商务硕士	Master of International Business (MIB)	2010 年	跨国经营管理人员 国际商务营销人员 国际投资管理人员 国际经济法律人员 国际商务谈判人员

续表 2-1

序号	专业学位类型	英文名称及缩写	获批年份	对应的职业领域
5	保险硕士	Master of Insurance (MI)	2010年	保险经纪人从业人员 保险代理从业人员 保险公估从业人员
6	资产评估硕士	Master of Valuation (MV)	2010年	价格鉴证师 价格评估人员 矿业权评估师 房地产估价师 矿产储量评估师 土地登记代理人 房地产经纪人 土地估价师
7	审计硕士	Master of Auditing (MAud)	2011年	
8	法律硕士	Juris Master (JM)	1995年	
9	社会工作硕士	Master of Social Work (MSW)	2008年	从事社会福利、社会救助、社区建设、就业服务、医疗卫生、扶贫发展、优抚安置、慈善事业、婚姻与家庭生活服务、教育辅导、司法矫正、劳动者权益维护、青少年服务、儿童保护、妇女及老年服务与权益维护等工作
10	警务硕士	Master of Policing (MP)	2010年	
11	教育硕士	Master of Education (Ed. M)	1996年	
12	体育硕士	Master of Science in Physical Education (MSPE)	2005年	
13	汉语国际教育硕士	Master of Teaching Chinese to Speakers of Other Languages (MTCSOL)	2007年	
14	应用心理硕士	Master of Applied Psychology (MAP)	2010年	高级心理咨询师

续表 2-1

序号	专业学位类型	英文名称及缩写	获批年份	对应的职业领域
15	艺术硕士	Master of Fine Arts (MFA)	2005 年	
16	翻译硕士	Master of Translation and Interpreting (MTI)	2007 年	
17	新闻与传播硕士	Master of Journalism and Communication (MJC)	2010 年	广播电视新闻采编人员、播音员、主持人 新闻记者
18	出版硕士	Master of Publishing (MP)	2010 年	出版专业技术人员
19	文物与博物馆硕士	Master of Cultural Heritage and Museology (M.C.H.M)	2010 年	文物博物职称评定
20	建筑学硕士	Master of Architecture (M.Arch)	1992 年	
21	工程硕士	Master of Engineering (ME)	1997 年	技术创新、技术改造、技术转型、技术转轨等工程技术项目中的研发人员；新产品、新设备、新装备的设计人员和市场开发人员；产品开发、产品制造、产品生产过程或工程建设项目中的管理者；产业、工程发展战略中的研究者和决策者
22	城市规划硕士	Master of Urban Planning (MUP)	2010 年	注册城市规划师
23	农业推广硕士	agricultural extension master (MAE)	1999 年	
24	兽医硕士	Master of Veterinary Medicine (VMM)	1999 年	
25	风景园林硕士	Master of Landscape Architecture (MLA)	2005 年	
26	林业硕士	Master of Forestry (MF)	2010 年	林业工程师
27	临床医学硕士	Master of Medicine (M.M.)	1998 年	临床医师

续表 2-1

序号	专业学位类型	英文名称及缩写	获批年份	对应的职业领域
28	口腔医学硕士	Master of Stomatological Medicine (S. M. M)	2000 年	口腔医师
29	公共卫生硕士	Master of Public Health (MPH)	2001 年	
30	护理硕士	Master of Nursing Specialist (MNS)	2010 年	护士 母婴保健技术服务人员
31	药学硕士	Professional Master of Pharmacy (M. Pharm)	2010 年	执业药师 药学专业技术人员
32	中药学硕士	Master of Chinese Materia Medica (MCMM)	2010 年	
33	军事硕士	Master of Military	2002 年	
34	工商管理硕士	Master of Business Administration (MBA)	1990 年	
35	公共管理硕士	Master of Public Administration (MPA)	1999 年	
36	会计硕士	Master of Professional Accounting (MPAcc)	2004 年	
37	旅游管理硕士	Master of Tourism Administration (MTA)	2010 年	
38	图书情报硕士	Master of Library and Information Studies (MLIS)	2010 年	高级图书资料馆员 高级图书资料修复师
39	工程管理硕士	Master of Engineering Management (MEM)	2010 年	注册咨询工程师(投资) 造价工程师 注册咨询工程师 投资建设项目管理师
40	中医硕士	Master of Chinese Medicine (MCM)	2015 年	

4.2 我国农业硕士专业学位领域设置

农业硕士是国务院学位委员会 1999 年批准设立的专业学位,培养领域从最初的 4 个拓展到 15 个,培养方向涉及种养殖技术类、农业与食品工程类、农村发展与服务管理类三个学科类别。农业推广硕士专业学位侧重于应用,主要为农业技术应用、开发及推广,农村发展,农业教育等企事业单位和管理部门培养具有综合职业技能的应用型、复合型高层次人才。1999年5月,为落实"科教兴国"和"可持续发展"战略,更好地适应我国农业现代化和农村发展对高层次专门人才的迫切需要,完善具有中国特色的学位制度,经国务院学位委员会批准,设置"农业推广硕士(暂定名)"专业学位。经过十多年的发展,农业推广硕士专业学位教育取得了较好的战绩,截至2009年全国年招生规模已近10 000人,为农业技术推广和农村发展培养了一批高层次、应用型人才,为我国农业现代化和农村发展作出了重要贡献。

  农业硕士专业学位的主要就业去向为现代农业企业、农业推广技术组织、县乡镇等农业企事业单位和管理部门。随着我国农业和新农村建设的大力推进,我国现代农业产业化程度不断提高、农业推广事业发展日新月异,急需大量高层次的专门人才对各种农业科技成果推广应用和进行推广项目的实施。实践证明,农业硕士专业学位是一项充满生机的农科研究生教育改革,为高层次农业专门人才通向国民经济建设主战场开辟了新的渠道。2014年11月召开的国务院学位委员会第三十一次会议审议通过了关于将"农业推广硕士"定名为"农业硕士"的报告,2016年以前农业硕士培养领域如表2-2所示。

表2-2 农业硕士子专业目录及代码

序号	子专业目录	代码
1	作物	095101
2	园艺	095102
3	农业资源利用	095103
4	植物保护	095104
5	养殖	095105
6	草业	095106
7	林业	095107
8	渔业	095108
9	农业机械化	095109
10	农村与区域发展	095110
11	农业科技组织与服务	095111
12	农业信息化	095112
13	食品加工与安全	095113
14	设施农业	095114
15	种业	095115

根据农业教指委〔2016〕3号文，2016年10月农业硕士专业学位由15个培养领域确定调整为8个领域，如表2-3所示。

表2-3 农业硕士领域设置调整对应表

序号	调整后领域	子专业目录	代码
1	农艺与种业	作物	095101
		园艺	095102
		草业	095106
		种业	095115

续表 2-3

序号	调整后领域	子专业目录	代码
2	资源利用与植物保护	农业资源利用	095103
		植物保护	095104
3	畜牧	养殖	095105
4	渔业发展	渔业	095108
5	食品加工与安全	食品加工与安全	095113
6	农业工程与信息技术	农业机械化	095109
		农业信息化	095112
		设施农业	095114
7	农业管理	农村与区域发展（部分）	095110
		农业科技组织与服务	095111
8	农村发展	农村与区域发展（部分）	095110

第五节 农业硕士专业学位的特点

5.1 职业性

《农业硕士专业学位设置方案》明确规定"农业硕士专业学位具有特定的职业背景,与农业技术推广和农村发展领域任职资格相联系"。可见职业性是专业学位的基本属性,是专业学位区别于其他学位类型的本质特征。农业硕士专业学位必须与社会主义新农村建设领域紧密关联才有生命力。

5.2 实践性

农业硕士专业学位研究生最突出的特点就是除了具有从事农业推广领域的坚实基础理论和宽广专业知识外,更具有解决农业科研、生产、管理一线中工作实际问题的能力,实践性是其重要属性。

5.3 研究性

农业硕士专业学位研究生虽然是应用型研究生,但是作为高层次人才必须具有一定的学术能力,如文献查阅、实验开展、论文撰写等基本科研素质。实际生产过程中的问题是不断变化的,如果农业硕士专业学位研究生不具备研究能力,其实际解决问题的能力只能停留在浅层次。因此,研究性是其本质属性。

第六节 相关基础理论依据

6.1 高等教育的大众化理论

美国马丁·特罗在《高等教育的大众化——量的发展和质的变化》一文中提到世界各国高等教育的发展过程按照接受高等教育人数占适龄人口比例的15%、15%~50%、50%以上分为三个阶段,分别为精英或英才教育阶段、大众化教育阶段和普及化教育阶段。每个阶段之间的过渡都会发生质和量的变化。因此高等教育的大众化并非只是一个数量变化,只注重"量"的增长,其对教育的影响是深入且持久的。经过多年的发展,中国的经济和社会发生了根本性的变化,社会对人才的价值期望和需求结构也发生了巨大的变化,研究生的就业范围不仅仅局限在高校和科研机构,企业也成为高层次人才需求的主体。

随着高等教育大众化进程的加快,研究生培养过程中其招生、培养对象、课程教学、质量评价标准等都发生了不同程度的变化,招生数量不断扩大、招生来源多元化、培养类型多样化、质量评价标准多元化,推动着研究生培养模式不断地进行变革和调整。然而,我国以前由于社会经济发展水平较低,市场对高层次人才的需求量少,长期以来高等教育一直处于精英教育阶段,其中研究生教育重点培养的是高校教师与科研人员,因此学术型学位培养一直占主导地位。但社会各行各业对高层次应用型专门人才的需求不断加大,研究生招生来源的多元化必然会引发研究生培养模式的不断变革。

6.2　马克思关于人的全面发展理论

马克思关于人的全面发展的理论是实现人的全面而自由发展的价值取向,也是未来人类发展的最高理想境界。人的全面发展理论中的人是指现实的个人,是人的全面发展的逻辑前提和出发点。全面发展本质在于培养适应社会需求的全面发展的个人,培养适应变换工作要求的能力,也就是说提高教育质量的关键在于其增强人才的适应性。

要实现教育的目的、人的全面发展,培养模式无疑起着重要的作用。随着高等教育大众化形势的出现,国内部分学者认为当前我国高校人才培养与市场需求挂钩过于急功近利,国家下大力气培养全日制专业学位硕士研究生,主要目的就是从以培养学术研究型人才为主向以培养专业应用型人才为主的模式转变。方向很好,但是未来社会需求的人才并非只是具有专业技能的人才,而是具备全面、综合素质的人才。因此无论是学术型学位硕士还是专业学位硕士的培养模式,其侧重点都要放在培养全面发展的人才上。

6.3　现代人才观

人才是指具有专业知识或技能,富有创造性并对社会作出贡献的人。人才培养、教育工作中,却要受到一定的人才观的影响。可以说,人才观对人才作用的发挥起着至关重要的作用。现代人才观与传统人才观有很大区别:传统人才观没有认识到人才兴国的重要性,对人才的重视程度不够,不能实现人的全面发展;而现代人才观是市场经济条件下的人才观,强调人才的综合素质和能力,提倡人才竞争和激励机制,追求效率和效益,突出个人的业绩和贡献,以满足市场经济的需求。

现代人才观中,认为每个人都可以成为各个领域的专业人才,这都和人才培养的多样性、层次性、创造性特点相关联。而目前从"精英教育"到"大众教育"的转变,使高等教育的传统模式面临前所未有的挑战,因此高等教育培养过程中在看"才"的同时,更要关注的是"人"。研究生教育在"树人"的认识上,更要突出新的理解和作为。如何提高研究生质量是各培养单位不断深化和探讨的问题之一,规模的扩张最终还要回归到质量控制的转变。

6.4　利益相关者理论

对于利益相关者理论是否适用于高教领域,菲利普·G·阿特巴赫指出,大学是一个由很多自由团体组成的小型社会。张维迎教授认为,尽管大学是一个非营利性组织,但是它又是一个典型的利益相关者组织。美国学者亨利·罗索夫斯基是将利益相关者理论首先运用到教育领域的人,他在著作《美国校园文化——学生、教授、管理》中,把大学看作一个利益相关者组织并运用该理论进行研究。

大学作为一个利益相关者组织,是由不同层次的主体构成的。笔者认为,现代大学不是行政人员独裁的大学,也不是教师自己的组织,更不是政府附带的执行工具,而应该是各方利益相关者共同所有的小型社会。与大学有利益关系的主体除了大学内部的人员以外,还应包括大学外部的有关利益主体,如中央政府、教育部、所属地区省级教育管理部门、用人单位等。

亨利·罗索夫斯基的《美国校园文化——学生、教授、管理》中对大学的"拥有者"作出如下界定:"指与大学有利害关系的人或群体",这里的"拥有者"不同于企业的所有者。他认为"人们对于大学,就像人民对于国家一样"。与企业的利益相关者理论一样,大学的利益相关者理论也强调教育质量不仅仅是高校自身的事情,是要与其有利益关系的多方利益主体和谐相处,实现多方利益主体的整体利益。

我国中央和地方教育管理部门作为专业学位研究生教育的主管部门,主要通过政策层面引导,把握专业学位研究生教育的发展方向,负责组织制定专业学位研究生教育培养质量的基本标准,同时结合专业学位研究生教育发展情况,调整中央和地方教育教育管理部门政策和相关质量标准,是专业学位研究生教育培养模式成功与否的直接利益相关者。

用人单位作为专业学位研究生教育输出端的接受者,在评价和检验专业学位研究生培养质量方面最具发言权,同时专业学位研究生培养模式直接影响到人才培养质量,关乎用人单位的建设与发展,因此用人单位是专业学位研究生培养模式的又一直接利益相关者。专业学位研究生教育指导委员会作为一个学术组织,主要是在专业学位研究生培养方向与人才培养定位、培养方案、课程体系建设、案例库建设、学位论文等方面对专业学位研究生培养单位进行学术指导,通过学术的监督和指导保证专业学位研究生的教育质量。这种学术指导相对于中央和地方政府教育管理部门的政策引导和监督来说影响较弱,因此专业学位研究生教育指导委员会是保障专业学位研究生培养质量的间接利益相关者。

第三章

专业学位研究生培养模式国外经验借鉴

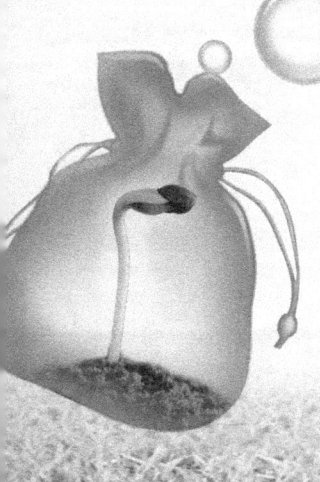

第一节 美国专业学位研究生培养模式

1.1 发展历程

美国是专业学位教育的发源地,美国的专业学位研究生教育经过一个多世纪的发展,已经成为美国研究生教育的主体,并且在美国的高等教育中发挥着不可替代的作用。在不同时期,受其特定的政治、经济和文化因素的影响,美国专业学位教育的发展呈现出其独特的特点,其发展经历了萌芽期、发展期和成熟期三个阶段。

1.1.1 萌芽期(1900—1939年)

美国的社会结构随着工业时代的到来而发生了巨大的变化,同时随着生产科学化程度的提高,社会对人才的需要逐渐偏重于那些掌握科学技术的人才,从而推动了美国具有高级学位的硕士研究生的教育迅速发展。1876年,美国的第一所研究型大学——约翰·霍普金斯大学成立,这所大学成立了研究生院,这标志着美国研究生教育的开始。20世纪初,美国硕士学位教育将专业学位引入到硕士教育中。1908年哈佛大学成立了有名的商学院,它提供一种新的培养计划,即两年制的工商管理硕士。1921年,第一个专业博士学位产生在哈佛大学。1935年,美国大学学会提出了对专业学位硕士的基本要求,即住校学习的时间至少为一年,并参加最后的综合考试与论文答辩。这项基本要求为专业硕士的培养奠定了良好的基础,从时间上保证了美国专业学位研究生的培养质量。截至1940年,美国一共授予27 000个硕士学位,其中专业学位占了3/4。

1.1.2　发展期(1939—1970年)

随着美国专业学位硕士研究生教育的迅猛发展,美国社会对高级专门人才培养日趋重视。在所有的学位授予的数量中,专业学位硕士授予的比例不断扩大,远远超过了学术学位授予的学位数量。在学位授予的总数量中,学术学位只占1/3,和20年前所授予的学位数量比起来,呈大幅下降的趋势。专业学位的发展不仅体现在学位数量的增长,还表现在学位种类的增长和选择性大。在这一阶段,专业学位研究生教育质量符合从事基础研究与应用研究的高级人才需要,其中教育硕士、工商管理硕士所占比例最高。

1.1.3　成熟期(1970年至今)

随着第三次技术革命的深入以及技术变革引起的社会剧变,美国专业学位研究生教育被赋予新的使命。美国专业学位研究生教育开始了以质量为中心的改革,由于进行调整和改革而处于发展缓慢的状态。在20世纪90年代以后,专业学位逐步形成了目前相对完备的专业学位教育制度,这一时期有职业背景的专业学位占美国授予学位数量的大多数,专业学位的发展已经形成了一定的规模并逐渐成熟。据统计,至1987年,美国专业学位占到硕士专业的4/5,多达660种。20世纪90年代,专业硕士学位已成为美国硕士学位中最重要的部分。

1.2 学位制度

美国的学位培养主要分为研究型学位培养和职业型学位培养两类。研究型学位培养主要是培养学术型和应用型（专业学位）人才，即副学士—学士—硕士—博士，例如文理科硕士（学术型）、工商管理硕士（应用型）、法学硕士（项目研究型）；职业型学位培养，即副学士—学士—特殊职业学位，例如神学学士、兽医硕士。副学士相当于我国专科生教育，学士相当于我国本科生教育，而我国现在的专业学位研究生的教育就是从美国特殊职业教育演化发展而来的。

美国的专业硕士学位是其专业学位研究生教育的主要部分，2006 年美国授予硕士以上学位 737 787 人，其中硕士学位占 80.5%、博士学位占 7.6%、第一专业学位占 11.9%。而在授予的硕士学位中，专业硕士学位占 63.7%。

1.3 培养模式

美国专业学位研究生的培养模式独具特色，下面从培养目标、入学方式、培养内容、培养方式、质量评价几个方面来介绍。

1.3.1 培养目标

在培养目标上，美国专业学位培养是基于社会对人才的需求以及人们对不同职业的追求而设立不同的专业，主要培养具有实践能力的专业人才。专业学位学生要求必须接受严格的专业技能训练，具备从事相应学科相关工作的专业能力水平。美国专业学位教育在硕士层次的培养目标与学术型学位有着明显的区别,更加重视实践经验和职业技能知识的培养,主要对攻读学位者进行专业培训性质的职业技能预备或提升教育,培养学生的领导、调配、沟通、临床以及一些其他方面的实践能力,向社会输送专业领域内的实践和开发工作的高层次专门人才。例如,哈佛大学商学院立志培养为社会作贡献的杰出工商管理的领导人是他们为 MBA(Master of Business Administration)的学生所制定的培养目标。

1.3.2 入学方式

由于美国专业学位硕士研究生教育主要培养的是学生的实践能力,所以在招生入学时,考生的专业知识和实践能力成为考核的重点。在美国申请攻读专业学位的学生,要有入学推荐表和大学入学成绩以及参加研究生入学考试(GRE)。但是 GRE 考试,考查的并不只是学生的学习情况,而是学生在实际生活所掌握的应用型能力和个性特点。

此外,学生的工作经验也是许多学校选择学生的参考因素,如加州大学洛杉矶分校,对申请攻读教育硕士的学生不但在教学经验上有一定的要求,并且还要求必须具备实践经验。芝加哥大学录取考生的平均工作经历为 5 年。有一些专业学位不要求学生参加入学考试,比如口腔正畸学临床研究生,但报考的学生需要教授或同事写的推荐信,并且要求出示大学期间的成绩单,而且要求牙科成绩必须排在年级的10～20 名之前。针对国外留学生的入学方式则具有更加严格的条件,例如哈佛大学的商学院,在录取留学生时,要求留学生接受过 16 年的正规教育并且取得学士学位;需要参加

TOEFL 考试,成绩还应该在 630 分(旧 TOEFL 分数)以上;在这 2 个条件的基础上,还需要参加书面英语考试。

1.3.3 培养方式

灵活多样是美国专业学位研究生教育培养方式最显著的特点。专业学位研究生教育的培养年限通常为 1～2 年,而硕博连读大约需要 4～5 年的时间来完成,主要根据不同的生源来设定灵活的培养年限,但是培养年限也会根据专业学位层次和学生个人能力的不同而不同。虽然对学习年限有明确的规定,但是各学院对于学生学习课程的安排秉承着"具体情况具体安排"的原则,使得学生可以根据实际情况灵活地选择学习时间。还有一些大学开设了暑期学校,可以为很多在职的人提供进修的机会,由于现代多媒体教育技术手段被充分运用到大学中,还可以通过网络视频等手段提供在线教育。在培养体制上,实行专职导师负责、导师小组联合指导的方式,一方面选拔科研能力强的校内导师;另一方面选聘实践经验丰富的高级专业技术人员为兼职导师。此外,美国专业院校重视与外国高校联合培养专业学位研究生,注重培养专业学位研究生的国际意识。

1.3.4 培养内容

美国专业学位研究生的课程设置强调实践能力,教学内容随着社会需求不断调整,在课程安排上注重理论与实践相结合、课程学习和课程训练相互穿插,因此,学生只需要在每学期结束时按照要求提交报告和课程相关论文即可,不强制要求专业硕士生完成毕业论文,学生可以通过其他的方法修补毕业论文所要求的学分,比如选修课程、提交作业或完成设计等等。另外,学分制是美国专业学位研究生教育的主要形式,不同的专业学位对学分的数量要求不一样,有的专业需要30~40个学分,有些专业的学分要求是不低于60个。例如伊利诺伊理工大学,它的建筑工程专业硕士要求学生必须修30~36个学分;而耶鲁大学对工商管理专业硕士学生规定必须修满72个学分。准确地说,美国没有针对专业学位研究生的培养年限规定严格的限制,一般只要修满了所需要的学分,就可以申请毕业。如果遇到特殊的情况不能按期毕业,可以申请延长年限。

1.3.5 质量评价

美国针对专业学位研究生教育建立了完善的专业学位研究生质量评价体系,包括课程成绩和综合成绩。决定学生是否能够获得学位的最后依据是综合成绩。课程成绩是指学生每修完一门课程后所得的成绩,这个成绩通过考试或者是课程论文的形式来考核,评定的标准主要有优、良、及格和不及格四个等级。综合成绩是考查学生学业水平是否达到学位授予标准的重要依据。当然具体的学校对学位授予的依据是不同的,如耶鲁大学,对于工商管理的硕士授予学位的标准是:所修学分的课程包括72门课程;"不及格"的核心课程要少于5门;获得"良"以及上成绩的核心课程至少要有13门;所有的课程中需要达到"良"以及上成绩的至少要有21门;不及格的核心课程必须再次考核通过。美国的教育硕士,其综合水平测试包括两个方面的内容:笔试和能力测试,主要考查学生对理论基础知识的掌握以及评估学生的实践能力。综合水平测试的最终结果由教学指导委员会判定,对于没有通过的学生,可以有一次补考的机会,但是这个机会由教学指导委员会和导师一起决定。

第二节 德国专业学位研究生培养模式

2.1 发展历程

德国作为现代研究生教育的发源地,自 1792 年发展至今,经历了两百多年的发展形成了现在"研究所型"的专业化培养模式。德国研究生教育在经历了形成、繁荣、衰落及复归等阶段的发展,其学徒式研究生培养模式深刻影响了美、日等国的研究生培养模式的形成,迄今为止该模式也是世界上现代研究生培养与教育的主要模式之一。

2.1.1 形成与繁荣阶段(1792—1871 年)

由于普法战争等战争的爆发以及当时的法国革命,德国在在政治和社会等方面产生了重大的变化,德国传统的大学遭到国家和教会的控制,没有真正的言论和思想自由。受唯心主义的影响,德国通过科学进行教育的变革,在 1809 年,威廉三世按照洪堡的概念设计了柏林大学。在 19 世纪后半叶,德国的许多大学被广泛认为是世界上最先进的大学。

2.1.2 衰落阶段(1871—1946 年)

在洪堡变革的同时,德国诸多大学以科研为方向的学科的发展逐渐变得专门化,使得实验室的建立和大学工作人员之间产生了的严重的分化。这种分化主要表现在 1871 年以后，科研越来越导向军事和工业的需求。随后爆发的第一次世界大战以及魏玛共和国时期(1918—1933)的经济危机，迫使针对研究生的教育被搁浅。由于法西斯战争在物质和意识形态上对德国的摧毁和损害，造成德国杰出人才大量流失，德国曾经名噪一时的大学和科学研究已经变得无所事事。

2.1.3 复归阶段(1946年至今)

从1946年开始，德国大学开始重建。1948年成立的马克斯·普朗克学会(由中央政府提供资金的研究所团体)在德国的科学研究中起着核心作用。1986年，科学委员会(德国主要的全国性科研团体)提出科研和教学统一的思想必须从本科生教育中抛弃，只保留给研究生，能力最强的博士候选人应该进研究生院，从而进行选择、集中、分化和竞争的新的教育主张。1999年，29个欧洲国家的教育部长在意大利博洛尼亚共同签署了《博洛尼亚宣言》，决定在2010年之前实现欧洲高等教育一体化。许多德国大学对研究生教育国际化进行了有益的探索，例如Bangor大学在2008年度向印度留学生提供了478门研究生课程。而在总体上，目前，在德国资助组织和科学学院的支持下，已有大约20 000名外国研究生就读于德国大学。①

2.2 学位制度

德国高校的学位类型在传统上只有硕士学位和博士学

---

① 张继平，董泽芳.德国研究生教育发展探析[J].江苏高教，2009(3):59-61.

位两级,与英美国家不同的是德国大学毕业的学位是硕士学位,学习年限较长,完成大学所有课程通常需要5~6年的时间。这样较大差异不利于德国的学位体系与世界其他国家的学位体系进行比较和其本身竞争优势的形成,因此,在1998年,德国颁布了《高等教育总法》,准许大学和高等专科学校颁发学士和硕士学位。德国文化部长会议将学位划分为"偏理论型专业的文学学士和硕士及理学学士和硕士、偏应用型专业的学士学位"。

德国的高等院校按其人才培养的任务和性质不同可分为三类:(1)综合性大学(又称学术型大学或研究型大学),主要任务是"纯学术研究",培养"科研接班人";(2)应用型大学和高等专科学校,主要任务是培养应用型人才;(3)神学院和艺术学院(或称称单科性大学),主要任务是培养具有个性和专门艺术才能的人才。

在高等教育国际化大背景下,德国将大学教育阶段分成了两部分,即:本科教育阶段(前2~3年),主要学习初级、中级课程;硕士研究生阶段(后2~4年),主要以研讨的上课形式学习专业课程。其学徒式的培养模式影响了美国、日本、中国乃至世界研究生教育的形成和发展。

2.3 培养模式

德国专业学位研究生培养模式主要是以"导师制"为核心、学徒式的培养模式。

2.3.1 培养目标

德国学徒式培养模式使得其对专业学位研究生的培养

目标变得比较单一,因此,其培养目标主要是"科学研究接班人",即为培养从事科研与大学教学的纯理论研究工作者。但随着社会的不断发展,社会对不同类型的人才需求变得日益强烈,为了满足当时社会对人才类型的需求,德国开始培养"应用型人才"。因此,随着社会对应用型人才需求的不断增长,德国逐渐开始重视应用型人才的培养,造成后期出现了研究生培养的双重目标。

2.3.2 入学方式

德国研究生入学方式非常灵活,但与其他大多数国家不同的是:研究生入学不仅没有入学考试,而且入学时间也不是固定的。只要导师同意了,就可以入学,而且不需要在校方登记注册。然而,由于研究生和导师是个双方互动选择的过程,所以德国许多研究生都是导师自己研究所内的候选人。"从内部招收和挑选是多数德国大学的典型形式,其他国家由校外的候选人申请攻读博士的方法在德国没有发现。"

德国研究生入学虽然没有入学考试,但对研究生候选人资格审查条件非常严格:第一,候选者必须取得大学颁发的 Magister 或者 Diplom,如果是应用型大学或高等专科学院颁发的带有 FH 的 Magister 或者 Diplom 学位是没有资格的;第二,必须有一位教授同意担任其指导导师;第三,研究生必须拟定一个研究课题,除了得到导师同意外,还需所在系主任的书面签字认可及学校学术委员会的书面认可。

2.3.3 培养方式

教学和学习自由是德国研究生教育的持久信念。"一个信念是教学和学习的自由,就是教授应该绝对自由教他们认为必需的无论什么东西,学生喜欢在哪里学习,学习什么和学习多久,这种爱好应该没有限制"。德国研究生教育不太重视学生的课程学习和教学,即使开设了相关的课程,也都是属于研讨性质的,而且科目很少,对学生的考勤没有要求,学生可自愿参加。

综合大学的教授和已获得教授资格的讲师都可以做研究生导师,导师对研究生采取"学徒式"指导方式,对研究生的管理导师有着绝对的权威。在教授的协助下,学生直接参加科研实践和教学实践活动,一般要求进行3~5年的研究工作,同时开展跨学科研究,既注重培养学生个人独立的研究能力,也注重培养学生团队合作能力,使学生得到综合性的训练和学习,凸显精英教育的培养方式。

2.3.4 质量评价

"宽进严出"是德国整个研究生教育过程最显著的特点。宽进指没有入学考试,严出主要表现在中途淘汰率很高和毕业论文严格两方面。中途淘汰率高达20%~30%;研究生学习中没有必修课,也无学分要求,只要论文合格,通过论文答辩及口试便可获得学位。但是,论文由外请教授严格把关,口试要求学生在所涉及学科领域具备精准和宽广的基础知识。

第三节　日本专业学位研究生培养模式

3.1　发展历程

日本从20世纪90年代中后期起大力推行研究生教育结构改革，积极发展应用型研究生教育。2003年又在原有的研究生学位体系之外设置新的专业学位（与硕士学位平行），重点发展人文社会科学及新兴交叉领域。在最初的几年，由于政府的大力推进及行业组织的积极配合，日本的专业学位研究生教育通过与相关行业职业资格的紧密衔接，突出应用性、职业性导向，在学位设置领域与在校生规模方面都取得了较为明显的发展。

20世纪90年代以后，世界经济一体化及专业化社会的加速发展对高等教育的人才培养提出了新的要求。针对这种趋势，日本内阁咨询机构大学审议会在1998年发表了《21世纪的大学和今后的改革方针》的报告，明确提出在硕士研究生阶段加强高层次专业应用型人才的培养，将其与科研人才、创业人才并列为大学人才培养的三大目标。根据大学审议会的建议，文部省（2001年后改名文部科学省，简称"文科省"）于当年在经营管理、法律、国际援助、公共政策、公共卫生等人文社科及新兴交叉领域设置专业研究生院，面向应届本科毕业生培养高层次专业人才，推动人文社会科学研究生教育与社会需求紧密结合。2003年,文部科学省又进一步将其改革为专业学位研究生院,在原有学位体系之外另设与硕士学位平行的专业学位,明确其出口质量标准与相应行业领域的职业资格进行衔接。

从2010年起,以高级应用型人才培养为目标的日本专业学位研究生教育出现了停滞甚至急剧下滑的趋势。在校生规模从2009年的23 381人跌落至2014年的17 380人,下滑幅度高达约26%。其中在职攻读的学生数从2009年的9 430人降至2014年的7 771人,降幅约为18%,而应届本科毕业攻读专业学位的学生则从2009年的13 951人降至2014年的9 609人,降幅高达约31%,数据显示日本专业学位研究生教育的发展停滞主要在于应届本科毕业生攻读专业学位意愿的衰退。日本专业学位研究生教育改革仅十余年即从媒体及社会争相关注的高等教育改革热点陷入发展困境。需要指出的是同期日本研究生整体规模并未出现较大波动,学术类硕士研究生的发展基本保持平稳。2004年日本在校硕士研究生规模为16.3万人,其中人文社科类硕士研究生为3.46万人;至2015年,在校硕士研究生规模微降为16万人,其中人文社科类硕士研究生降至2.85万人,两者相较,专业学位研究生教育发展的困境显得尤为突出。

3.2 学位制度

日本的研究生教育形成于19世纪末,经历一百年的发展变革,其学位制度先后通过1953—1993年期间各种规则、法律的修订和改革,不断地调整和完善原有的学位体系,使其满足本国教育、经济、社会发展的需要。日本的学位制度和美国类似,主要包括学士学位、硕士学位和博士学位三种级别的学位,学位种类达28种之多。

3.3 培养模式

日本的研究生教育引进了德国的讲座制和美国的研究生院制,创建了美国式的研究生院,同时也发展了自己的产官学一体化的研究生培养模式和"工业实验室"为主的研究生教育和科研模式,逐步发展成为日本特色的研究生培养模式。

3.3.1 培养目标

日本研究生的培养目标层次化,且层次非常清晰。硕士生教育主要针对学生应用能力的培养,强调专业化,培养社会从业人员,具有很强的职业教育性。博士生教育注重学术研究的培养,重视独立科研、创新能力的培养。

2002年,在《面向培养世界顶尖研究人员》的报告中,日本明确提出创新型人才的三种类型:I型人才,仅限于某一领域,但在该领域具有他人无法超越的高度专业性的研究人才;T型人才,在某一领域具有高度专业性的研究人才;十字型人才,在复合领域具有高度专业性的研究人才。

3.3.2 入学方式

日本硕士研究生入学形式与我国类似,分为笔试和面试两个阶段,参加笔试的人员必须具有学士学位或同等学力。但其入学资格比较宽松,专业学位研究生的招生不只面对在职人员，本科应届毕业生也可报考。但由于某些具有很强的技能性、专业性和实践性的专业，如会计、法律等，在招生时对报考人员的资格会进行一定的审查。

为了吸引生源，日本政府制定了各种优惠政策鼓励学生报考农业大学，比如免收学费；在学习期间每个月可以获得5万日元的学习费用；具有短期出国研修的机会；毕业后准备从事农业生产的学生，可以获得200万日元的务农准备资金，5年内可以得到农业生产设施购买资金3 700万日元的资助等。

3.3.3　培养方式

日本针对研究生的培养采用"产官学一体化"的研究生培养方式，这种特殊的培养方式可以促使社会各方力量，尤其是企业和科研院所参与硕士研究生培养计划的制订，做到真正把硕士研究生的定位融入到企业价值链中，融入到科研工作需求当中。

日本针对研究生的教学方法，在吸收了德国讲授方式和美国研讨班的形式的基础上，使整个教学活动以学生为中心，提倡独立学习、独立科研。虽然对课程的学习也要求研究生必须修满30个单位以上学分，但很多课程的学习方式都是让学生自己通过收集、阅读相关的资料自己讲授、讨论。日本重视研究生的学科专业的设置。针对专业学位的硕士研究生教育相对集中于会计、教育、法律等社会学科以及公共事业管理、公共卫生、知识产权保护等新兴学科。

日本专业学位硕士研究生教育最突出的特点是其与职

业资格的紧密对接,在现有的 7 类专业学位中,已经有会计、法律及知识产权三大专业与相应的职业资格考试进行了对接,另外公共事业类专业亦在筹备与相应的职业资格进行衔接。其对接主要体现在专业学位与职业资格相互认证,获得专业学位是参加职业资格的必要条件,专业学位能够为参加职业资格考试提供优惠,如免除部分科目的考试等,这样的对接不仅把握了高级应用型人才的培养方向,又有利于保障高级应用型人才的培养质量。

3.3.4 质量评价

日本对专业学位研究生的学位授予有着较为严格的规定,首先,在课程学习上,日本的硕士研究生至少要修满 30 个单位的学分。其次,在毕业答辩上,日本硕士研究生教育实行毕业和学位相分离的制度,即硕士研究生毕业不等于拿到学位,要拿到学位必须要有独创性的研究成果。针对那些在导师的分配和指导下或在学校内或深入企业中进行科学研究工作的硕士研究生,他们的完成的工作报告可以作为毕业论文。总之,只有做出原创性、有价值性的研究成果方能拿到学位。

第四节 韩国专业学位研究生培养模式

4.1 发展历程

韩国的专业硕士教育启动较早,以 1953 年颁布《研究生院规定》为标志,韩国的研究生教育开始步入正规化。1959 年国立汉城大学(现称"国立首尔大学")首创了韩国的专门研究生院,意味着韩国专业硕士教育起步。随后韩国为了实现"尖端科技立国"的发展战略,在 1979 年颁发了《学术振兴法》、在 1984 年颁布《韩国教员大学院设置令》,1999 年制定了"面向 21 世纪的智力韩国"计划,这些都对韩国的研究生教育起到有力的推动作用。由此可见韩国在研究生教育立法上还是很明确健全的。

4.2 学位制度

韩国硕士研究生的分类标准是典型的"三院制",即(1)普通研究生院,主要培养学者和研究人员,类似于我国的学术型硕士研究生;(2)专门研究生院,主要培养职业型和应用型人才,类似于我国的专业型全日制硕士研究生;(3)特殊研究生院,主要为在职人员开设硕士学位课程,类似于我国的在职研究生。

4.3 培养模式

4.3.1 培养目标

韩国研究生培养的"三院制"就充分体现了培养目标多样化特点,不同的院校针对其主要涉及的专业领域设定不同的培养目标,充分满足韩国产业结构变革和科技进步对多样化人才的需求。比如韩国的全南大学,它属于地方国立大学,在它内部设有普通研究生院、6个特殊研究生院、2个专门研究生院。

4.3.2 入学方式

韩国对研究生入学申请的过程以及招生对象与我国相似。但是其招生要求比较严格,要求申请入学者必须有2~3名教授的推荐、由指导教授面试合格,入学资格考试成绩合格者,经教授委员会综合评定才可以决定录取。入学资格考试内容主要为外语测试和专业课测试两部分,英语可以由最近2年内取得的TEPS(由国立首尔大学为测试韩国学生英语水平开发的考试)成绩来取代。

韩国很多大学院(研究生院)也有免试入学的规定,尤其对有工作经验的申请者有相当宽松的条件,当然各个大学院根据自己的情况对其条件的限制也是有区别的。比如韩瑞大学的硕士研究生免试入学是这样规定的:只要满足以下任何条件之一的学生均可以免去必答考试:大学全学年的成绩平均3.38/4.50,3.23/4.30,3.00/4.00以上者;大学(包括专科大学)专任教员以上者;公立研究所里研究员及以上者;在申请专业工作3年以上者,由申请专业的主任教授推荐并由研究生院院长对其资格认证。

4.3.3 培养方式

韩国的研究生培养实行导师制和指导委员会制相结合的指导方式。导师主要安排学生第一学期的课程以及毕业论文指导。在第二学期结束前,学生要自己选择一个由几人组成的指导委员会协助导师一起帮助自己制订培养计划。在第三学期结束之前,学生的培养计划必须经过学院院长和该大学院院长认可。如果学生的培养计划在一年之内都没有得到认可,则会暂时终止学生的学业。

4.3.4 质量评价

韩国对专业学位研究生的学位授予有着非常严格的要求,即:(1)必须修完大学院规定的全部课程,并获得足够的学分(24学分或者30学分,因学校而异);(2)在外语考试(留学生可以申请两学期韩语课程,并获得B以上成绩)和硕士学位综合考试合格者才有条件申请硕士论文;(3)合格者提交的硕士论文在审查和答辩阶段均通过。只有同时满足以上三个条件,方可获得学位。

第五节　国外经验总结

各国通过不同性质的院校、不同的教育体制积极地发展专业学位教育，但是殊途同归，都是为了满足经济社会发展和增强国力的需要。通过对美国、德国、日本、韩国等国家关于专业学位研究生培养模式的分析，总结出以下几点经验：

（1）坚持改革和创新，不断完善学位体系

虽然德国是世界上开始研究生教育最早的国家，但高等教育最强国是美国，其原因是美国的研究生教育拥有完善的学位体系，就连当前日本的研究生教育学位体系也在效仿美国。目前，我国虽然也形成了一定程度的专业学位体系，但是其存在诸如类型结构和层次结构不合理、人才培养规模过小、学位种类覆盖面过窄等问题。所以为了更好地满足社会对各种人才变化的需求，迎合社会对高层次人才需求的多样化，就必须不断地完善自身学位体系。

（2）培养目标立足国情、立足社会需要

在19世纪初，科学研究的思想引领着德国整个高等教育发展方向，先后被日本和美国所模仿。随后日本和美国由于受经济发展对人才变化需求的影响，立足本国社会发展的要求，开始培养各类应用型人才，极大地促进了生产力的发展。德国第二次工业革命后对人才培养类型的转变更能体现立足社会发展的重要性。

(3) 拓展入学形式和渠道,创新教学方法

日本政府为吸引优质人才采取了一系列的优惠政策和宽裕的措施,例如,日本政府针对农业专业研究生的优惠及奖励政策。我国研究型大学在专业硕士研究生培养方面经验还不足,同时需要采取恰当有效的措施来更好地挖掘学生的科研潜力、创造潜力,在教学方法上同样需要不断地改革和完善,激发学生的潜力。虽然也有课程教学和实践环节,也有导师的指导,但是硕士研究生培养质量不高,缺乏创新能力和实践能力,在这方面美国、德国、日本都值得我们借鉴和学习。

(4) 建立"产学研"联合培养模式

以"产学研"相结合的培养方式已被国外发达国家广泛用来培养高级专门人才,例如美国的斯坦福大学在20世纪50年代率先开创了大学与企业联合培养研究生的新形式,后来被日本等国家模仿。大学与企事业单位联合培养专业学位硕士生,既能充分发挥大学基础学科的教学、科研优势,又能发挥企事业单位设备先进、科研课题明确、经费充足和实践经验丰富的长处。我国当前对专业研究生的教育已朝着"产学研"相结合的方向积极发展。

(5) 创新管理模式,树立开放、互动、和谐的管理理念

美国对不同类型硕士研究生的培养采取不同的管理方式,如学术型硕士研究生主要放在研究生院来培养,采取"指导委员会"的方式来管理研究生;而对特殊职业教育则采取"双导师"管理,即学校和企业共同参与硕士研究生的管理。德国的硕士研究生则主要采取"师徒式"的管理。日本在借

鉴美国硕士研究生管理模式的基础上，政府也从侧面参与了硕士研究生的管理。从以上三个国家对硕士研究生的管理实践可以看出，它们共同的管理趋势是向着越来越开放、越来越灵活的方向发展。而我国对专业学位硕士研究生培养模式的管理经验还很缺乏。因此，需要在借鉴国外硕士研究生管理的基础上，不断创新硕士研究生管理模式，树立开放、互动、和谐的管理理念，形成具有中国特色的硕士研究生管理模式。

第四章

我国专业学位研究生发展现状

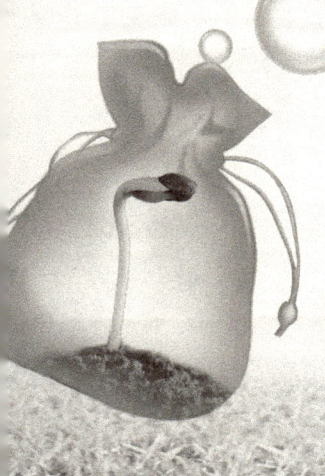

2017年是我国专业学位研究生教育实施26周年。1990年,国务院学位委员会第9次会议审议通过了《关于设置和试办工商管理硕士学位的几点意见》,设立了我国第一个专业学位,并于1991年开始正式招生。国务院学位委员会招生的20多年间,总共设立了6种博士专业学位、40种硕士专业学位,专业学位的教育规模逐渐扩大,教育类型逐渐丰富,教育培养和管理制度逐渐创新,培养出的专业学位研究生质量越来越高,社会影响力越来越大,招生领域覆盖社会发展和国民经济发展的方方面面。

在相关部门和社会各界的大力支持下,在培养院校和广大教师的积极努力探索下,具有中国特色的专业学位研究生教育制度逐渐形成并不断完善,有力地适应了经济社会发展对高层次应用型专门人才的需要。特别是2010年以来,专业学位研究生教育发展步伐加快,国务院学位委员会先后批准新增3 600多个硕士专业学位授权点,相当于过去19年专业学位授权点的总和,大大提高了专业学位研究生的培养能力,有力支撑了研究生教育结构的优化调整,也为专业学位研究生教育的发展奠定了坚实的基础。2015年,我国授予硕士专业学位31.27万人,占全部硕士学位授予数的49.3%,实现了应用型人才与学术型人才培养并重的局面。

回顾我国专业学位研究生教育发展历程,是在探索中前行、改革中完善、突破中发展,深入总结发展经验,展望未来发展方向,对我国专业学位研究生教育的可持续发展,具有重要意义。

第一节 我国专业学位研究生教育规模现状

我国专业学位研究生招生规模由 1997 年的 9 395 人增到 2013 年的 21.9 万人，招生规模和招生比例持续增加。以 2013 年为例，根据教育部下发的招生计划，2013 年研究生的计划招生规模达到 60.8 万人，比 2012 年增加 2.3 万人。其中，博士生招生总规模为 6.9 万人，比上一年年增加 1 784 人；博士生中，学术学位 67 195 人，专业学位 1 805 人。截至 2013 年上半年，我国专业学位教育已累计招生超过 100 万人。20 多年来，我国累计授予博士专业学位近 30 万人，授予硕士专业学位近 60 万人。近年来，硕士专业学位的授予人数增幅较大，基本覆盖了国家经济建设和社会发展的主要领域。

我国专业学位研究生培养在 2009 年之前，主要面向行业内的在职人员进行招生。随着经济社会的不断发展，各行业对从业人员综合素质的要求也不断提升，所以，国务院学位委员会根据实际情况做出了调整，从 2009 年开始启动全日制专业学位研究生的招生工作。与此同时，学术型学位研究生和专业型学位研究生的招生比例也在逐年调整。如 2008 年我国专业学位硕士研究生不足硕士生招生总数的

10%，在招生规模不断壮大的情况下，到 2013 年该比例迅速上升至 42%，同时全日制专业学位硕士研究生招收的人数超过 20 万。这足以说明我国专业学位研究生教育发展态势良好，发展势头迅猛，专业学位研究生教育已进入到了制度创新、总体推进、加快发展、全面提高的新的发展阶段，具有中国特色的专业学位研究生教育制度在培养高层次应用型专门人才方面日益发挥着重要的作用。

  我国专业学位研究生教育的开展至今已有 20 多年的时间，这种蓬勃发展的背后实际上还隐藏着生源分布不均以及生源短缺等问题。这种不均衡是多种因素影响的结果，尤其是受各地高等教育发展水平的制约。一部分好的院校在招生方面发展势头良好，而普通院校相对来说招生专业有限，招生数量不多，甚至部分专业学位存在生源人数逐年减少的现象。随着全国各地招生院校数量逐年增加，在招生数量持平的情况下，平均到每个院校的实际生源也就会相对减少，这也会间接地影响教师的积极性，进而影响学校学科的建设。

第二节 我国专业学位研究生教育层次现状

我国专业学位体系结构包括专业学士学位、专业硕士学位和专业博士学位三个层次。其中,专业硕士学位是我国专业学位研究生教育的主要组成部分。截至目前,我国共有 40 个类别的专业硕士学位,5 种专业博士学位,1 种专业学士学位。其中专业博士学位有:教育博士、口腔医学博士、兽医博士、临床医学博士、工程博士。学士专业学位只有建筑学学士 1 种。

与国外发达国家相比,我国专业学位研究生教育在结构层次上面临结构失衡的现状。以专业学位发展发达的美国来说,虽然专业硕士学位也是美国专业学位体系的重要组成部分,但是在博士一级的专业学位类型却远远高于我国,除了强调应用技能知识的专业博士以外,美国还有一种特殊的第一职业学位,面向学士获得者开放,通过学习最终获得与研究型博士学位层次相当的专业博士学位,而这一层次的学位是与职业资历密切相关的,在许多职业领域,要取得执业资格证书必须首先获得这种专业学位。与之相比,我国专业学位主要集中在硕士这一个层次,博士层次只有 5 种专业学位,其余的博士学位都是研究型博士学位,主要侧重于培养从事基础科研和进入大学从教的研究型人才,这明显与社会经济发展对博士层次的多样化需求不相适应。

目前我国专业学位教育层次已经形成了以硕士为主,本、硕、博并举的专业学位教育培养层次。在教育层次定位上,专业学位和学术学位处于同一层次,它们一起构成现代高等教育学位体系不可缺少的两大组成部分,既有联系又有区别。专业学位和学术学位都是建立在共同的学科基础之上的,攻读两类学位者都需要接受共同的学科基础教育。在不同的教育阶段,两类学位获得者进一步深造可以交叉发展。比如:学术学位学士可以选择报考专业学位硕士,学术硕士学位获得者可以攻读专业学位博士,专业硕士学位获得者也可以攻读学术学位博士,自由选择,不受限制。

第三节　我国专业学位研究生教育类型现状

根据我国专业学位培养类型的分类，专业学位教育招生方式主要可分为全日制和非全日制两类，于每年12月份举行"全国硕士研究生统一入学考试"。非全日制专业学位研究生教育是最早采用的专业学位研究生培养模式，主要招收具有一定工作经历的在职人员，以业余时间学习为主，利用周末、节假日、寒暑假等业余时间上课或集中授课，进行不脱产或半脱产的学习，学习时间一般为2～4年。全日制专业学位研究生主要招收应届本科生，进行全脱产学习，学习时间一般为2年；同时，必须保证不少于半年的实践教学，应届本科毕业生的实践教学时间原则上不少于1年。另外，还有从应届本科毕业生中进行的"农村硕师计划"的推免选拔。"农村硕师计划"的培养类型，介于非全日制与全日制之间，"农村硕师计划"全称为"农村学校教育硕士师资培养计划"，"农村硕师计划"研究生先到县镇及以下农村学校任教三年，边工作、边学习，通过现代远程教育、寒暑假集中面授等方式学习研究生基础课程，再到高校脱产集中一年学习核心课程，并完成教育硕士论文答辩。"农村硕师计划"研究生在培养前期具有非全日制培养的特点，而在培养后期具有全日制培养的特性。

第四节　我国专业学位研究生教育结构现状

从学科分类角度看,我国专业学位学科设置较为全面,目前在 13 个学科门类中除了哲学和理学两个学科门类中没有涉及专业学位,其他的 11 个门类均已涉及,其中经济学、教育学、农学、工学、医学、管理学类别中涵盖领域较为丰富。由于我国学科门类是针对学术学位设置的,专业学位学科设置与学术学位间具有较大的差别,不能简单地将其归入学术学位学科门类进行比较。专业学位、学术学位的类别、门类的两套代码间并无直接的关联性,比如学术学位中农学硕士的代码是 09,而农业硕士专业学位代码为 0951。因此,专业学位各类别的设置更主要是对学术学位学科设置外的补充,是学术学科的延伸。专业学位学科设置与学术学位学科门类在结构上相互补充,形成系统完整的学科体系。我国专业学位研究生教育经过起步试点、快速发展、总体推进三个主要阶段后,现已进入了良性、稳定的发展时期,已成为我国学位与研究生教育体系中的重要组成部分。根据《国家中长期教育改革和发展规划纲要(2010—2020 年)》《硕士、博士专业学位研究生教育发展总体方案》《关于深化研究生教育改革的意见》以及"十八大"关于高等教育发展的指示精神,我国专业学位研究生教育从以培养学术型人才为主转变为学术型人才和应用型人才培养并重,专业学位教育体系基本完善,研究生教育结构和布局进一步优化,专业学位研究生教育水平和人才培养质量明显提高。

我国目前设立的专业学位中,硕博专业学位设置数量差距大,且对于不同层级的专业学位,其招生单位数量也相差悬殊,层次结构发展比例出现失调,科类结构发展也出现不均衡,其发展不均衡性一方面体现在重应用学科、轻基础学科;另一方面体现在发展的功利主义取向上。有就业职位前景、工资预期较高的 MBA、MPA、法律硕士和工程硕士的发展势头良好,而职业定位和就业回报不明显的则发展较弱。硕士学位的专业学位发展良好,而博士学位的专业学位不仅量少,在其他方面也和硕士学位差距很大。这样长期下去,势必会造成专业学位的教育发展结构失衡。

我国专业学位从学科门类看,主要在经济学、法学、教育学、文学、历史学、工学、农学、医学、军事学、管理学和艺术学设有专业学位。哲学和理学门类暂时没有设置专业学位,其中,文学、历史学、军事学和艺术学都只设有一种类型专业学位,在整个学位类别体系中所占比例较低。这足以看出我国专业学位硕士教育结构不均衡。

在专业学位与我国产业结构相关性方面,可以分析得出:从我国三大产业的发展现状和结构来看,专业学位在每一种产业中都有分布,但也都存在设置上的不相适应的情况。我国第一产业包括农、林、牧、渔,在我国目前设置的专业学位中仅有农业硕士、兽医专业学位与第一产业之间密切相关。第二产业主要包括工业和建筑业,其中工业包括采掘、制造、电力、煤气和水的生产与供给。我国目前已经设置了工程硕士专业学位等与之相关的专业学位类型。第一、二产业以外的产业被划入第三产业中，目前我国的第三产业已经成为我国经济发展水平的重要标志，大力发展与第三产业相关的专业学位是我国专业学位发展的必然趋势。我国设置的专业学位主要集中在第三产业，但是其涵盖范围还没有达到产业相关行业的不同层次。

经过近几年来对专业学位学科结构的调整，我国专业学位在满足与社会现实需求紧密相关的应用类学科的适切性方面得到了极大改善，如在教育、工商管理、医疗卫生、工程、金融等领域都设置了相应的专业学位类型。但是与目前国际上专业学位学科发展趋势仍然存在差距，如在美国近年来出现了应用类学科群向学术型学科群渗透的趋势。国际事务硕士最初是学术型硕士学位，在发展过程中，随着全球化趋势的加强，世界各国之间的关系日益紧密，在国际事务中日益倾向于具有精通外交策略和外交沟通协调能力，并且同时对国际政治局势有正确判断和分析能力的复合型高层次人才。于是国际事务硕士开始设置专业学位，在人才培养上融合专业学位与学术型学位的要求，培养具有国际视野的复合型高层次专业人才。再如专业科学硕士，也是在传统科学硕士学位的基础之上发展而来的，其涉及的学科专业包括计算机科学、数理统计、生物科学、化学在内的多个领域。

我国在专业学位的学科类型构成中，对专业学位向传统学术型的融合和渗透工作仍然需要更多的论证和实践才能实行。这是我国专业学位结构中面临的问题，解决好这些问题也是实现我国专业学位结构科学化的重要保证。

第五节　我国专业学位研究生教育培养现状

　　我国专业学位研究生的人才培养过程照搬学术学位模式。多年来，专业学位研究生的教育课程体系基本上沿用学术型研究生教育课程体系，以传统的传授知识为主，不能充分体现专业学位研究生教育的特点，即实用性不足、技术性不够、实践性不强、创新性不足，未能很好地体现差异性和灵活性，从而导致人才培养缺乏灵活性、多样化和针对性，无法适应不同地区对人才规格的需要。

　　我国专业学位研究生教育培养的师资队伍组成结构单一。我国硕士研究生教育长期以来以学术学位研究生教育为主，在师资结构上以学术型教师为主要的教学力量。这些"学术型导师"由于长期在高校工作，实际经验少，并且对引进或研发的新技术、新设备了解不够，对于科研成果的转化和应用不熟悉，很难把理论和实践充分结合。因此，其教育对象便不能够接受并内化为自身可以直接使用的知识，更无法达到通过学习理论知识来解决生产工程技术中实际问题的目的。我国专业学位研究生教育培养的师资队伍组成结构太过单一，教师自身的识结构和阅历，不利于达到对专业学位学生的培养目标。

第五章

我国专业学位研究生发展存在的问题

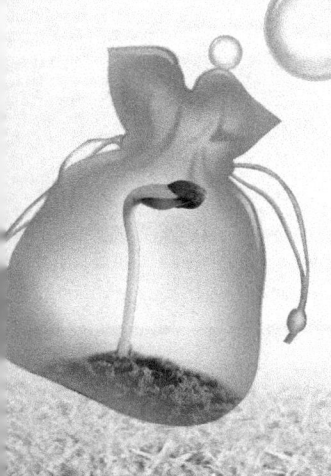

第一节　存在的主要问题

由于我国专业学位教育发展的起步比较晚、起点比较低,目前还存在着许多问题。国务院学位办在2002年发布的《关于加强和改进专业学位教育工作的若干意见》中指出,当前我国专业学位教育出现的问题包括:对专业学位教育的重要性认识有待进一步提高,专业学位教育规模偏小,优秀教材与案例缺乏,师资总体水平有待提高,专业学位与职业或岗位任职资格之间的衔接不够紧密,质量保证措施尚需完善等。这些问题有的已经有所改善,但有的问题依旧比较突出,主要表现以下几个方面:

1.1　培养起步晚,规模较小,学位点少

与美国、德国、日本和韩国等发达国家相比,我国的专业学位研究生教育起步较晚,发展的历史并不长。我国的研究生教育最早出现在1902年的《钦定学堂章程》中,当时的大学院教育就相当于现在的研究生教育。中华民国成立以后,我国的研究生教育模式多以模仿德国和日本的"学徒式",以定期地演讲和讨论为辅助的方式。虽然当时我国已经确立了研究生的培养模式,但却未真正的实施过。直到1916年,北京大学改革,我国的研究生教育模式才开始实施。1935年,颁布了我国高等教育史上第一部《学位教育法》,规定我

国学位分为：学士、硕士和博士三种，并对硕士和博士学位授予的条件和办法作出了具体的规定，它的颁布对我国研究生教育的发展具有重大意义。新中国成立后，研究生教育有了一定的发展，从 1950 年到 1965 年，共招收研究生 2.3 万人。由于"文革"，从 1966 年开始研究生教育中断了长达 12 年之久。研究生教育真正开始有较大的发展，是在 1978 年恢复研究生招生制度以后。1980 年全国人大常委会通过了《中华人民共和国学位条例》，1981 年开始招收硕士、博士学位研究生，从此，我国的研究生教育进入了蓬勃发展的新时期。① 1991 年，国务院批准了设立了工程、法律、会计、教育硕士等 12 个专业。经过近几年的发展，学位的种类、招生人数以及授予人数在逐年增加，但是从我国研究生培养的实际情况来看，我们与发达国家仍然存在着较大的差距。

1.2 培养模式单一，培养目标不明确，人才适应性较差

培养目标是研究生培养模式的价值归属，是整个研究生教育目标、教育方针的具体化表现，反映了一定时期社会、学校、个人发展的需求，通过教育过程来达到对培养对象在知识、技能、品德及身心健康等方面的基本要求和规格标准。因此，研究型农业大学硕士研究生的培养理应符合社会发展、学校定位发展、科技发展及研究生自身发展的需要。在

---

① 资料来源：http://news.buaa.edu.cn/gjzx/12227.htm.

第五章 我国专业学位研究生发展存在的问题

我国研究生制度建立初期,培养目标主要是培养教学型和科研型的高级人才,博士层次主要是培养学术型高级人才,硕士研究生主要是培养学术专业人才和科研人才,其培养模式主要采取的是教学和科研相结合的方式。但是,随着研究生教育的不断发展,研究生的培养方向也发生了变化,目前主要包括应用型和学术型两种。但目前我国研究生培养并没有对二者做出区分,学术型研究生规模过大,应用型研究生培养规模过小,仅为硕士学位总数的10%。在实际操作过程中仅以一种培养模式来对两种类型的研究生进行培养,多是以教学为主,科研研究次之,职业教育排在最后。由于我国专业学位教育起步较晚,部分培养单位在相应的配套设置不全的情况下也招收专业学位研究生,使得专业学位研究生在课程设置和教学内容、方式方法上与学术型学位研究生的几乎雷同。导师也是带着学术型学位和专业学位两种不同的学生,其指导模式也是一模一样的。因此专业学位硕士研究生学术化倾向严重,培养模式存在学术惯性,人才学术性有余、实践性和应用性不足而无法达到应用型研究生的培养目标。由于目标的单一,目前我国的研究生教育还无法提供数量充足的高科技人才,大多数研究生在学校接受的还是学术型学位的教育,培养过程中缺乏针对性,毕业生毕业后无法适应市场对应用型人才的职业需求。同时应用学位类型和涉及的职业领域还比较少,在职攻读应用学位比例较大,全日制攻读比例较小,与社会经济发展需要之间存在一定的脱节现象,严重影响了研究生教育的可持续发展。

从我国研究型农业大学来看,学术型硕士研究生的培养目标与专业型硕士研究生的培养目标可以说是雷同的,其现实情况是让人担忧的。硕士研究生供需不协调,学校的专业设置与社会、企业等对人才的需求严重脱节,这一问题导致"社会与企业需要的,学校没有;而学校有的,社会与企业并不需要"或"高才歪就、低就、少就乃至不就"的恶劣现象。就业难成为研究型农业大学硕士研究生不争的事实,尤其是涉农专业的硕士研究生在就业上更加困难。

1.3 课程设置不合理,实践能力有待加强

20世纪80年代后期,为了满足社会对高层次应用型人才的需求,我国的一部分高校开始试点探索应用型研究生的培养工作。但是由于经验方面的不足,导致培养目标不够清晰,学术型研究生和应用型研究生的培养没有突出各自的特色,在培养方式、课程设置等方面也没有明显的区别。而研究生培养目标主要是通过课程学习来实现的,课程设置的合理与否将直接影响我国研究生教育质量的高低。目前,研究型农业大学硕士研究生培养环节归纳起来主要有7个,即制订培养计划、课程学习、学术活动、实践环节(社会实践、生产实践和教学实践)、开题报告、中期检查和论文答辩。

我国研究生课程设置存在的主要问题是:

(1) 在课程设置上,缺乏灵活性。这造成了目前的研究生教育课程设置过于重视课堂教学,而轻视课外实践,许多教育实习只是走形式、装样子,并没有真正实行。我国绝大多数高校对大的研究方向一致的学生,除导师专业课不同外,其余课程基本相同。学生觉得没有需要的课程要上,觉

得想上的课程却没有。这种课程设置很难满足不同专业学生的需求。而课程设置的不合理将直接影响学生的理论知识水平和实践技能水平。

（2）选修课数量少。英国研究生课程设置中选修课的门数与种类超过必修课程。而在我国，研究生选修课远远少于必修课，在课程结构上，专业课较多，基础课较少。适当增加选修课，可以适应不同的生源，满足不同专业、不同类型研究生学习的需要。

（3）在课程内容上，重科研技能，忽视应用技能；重模仿技能，忽视创造技能；重传统教学，缺乏创造性教学。课程内容本身的综合度不高，目前都是和学术型学位硕士学习同样的教材，在课程学习过程中专业学位硕士和学术型学位硕士并无差异。学术型学位硕士的课程偏重于理论教学，而缺乏实践经验和实用知识的介绍，导致学生对课程满意度低。

（4）在专业课程上，普遍没有对服务"三农"的思想引起重视，没有把硕士研究生的要求有机地融合到教学体系中。

总之，学生接受的知识面狭窄，学习、科研氛围不够浓厚，不能激发学生的创造性思维、创新意识及培养学生的实践动手能力。在导师引导模式上，主要采取的是"双导师制"下的"产—学—研"联合培养的模式，尤其是对专业学位硕士研究生培养，采取校企联合培养的方法已经达成共识，都强调实践环节对硕士研究生培养的重要，例如中国农业大学和南京农业大学都将此环节作为必修环节，而且还有学分的要求。这种模式固然是好，但它还处在一个摸索的阶段，有很多问题仍需要解决，完善它还需要很长一段实践、总结的过程。在学术交流环节上,一些研究型农业大学都强调学术交流环节的重要性,但是真正提供给学生高质量的学术交流机会是很有限的,尤其是国际性的学术交流。这是我国专业学位结构中面临的问题,解决好这些问题也是实现我国专业学位结构科学化的重要保证。

1.4 研究生导师水平参差不齐,师资力量有待加强

导师作为研究生教育的核心,不仅要在学习和研究上指导学生,而且要在思想、品德、人生观、价值观等方面影响学生。从导师制建立初期,我国就十分重视导师的聘用资格,从导师的思想道德品质、学术造诣到导师个体的创新能力等方面都有十分严格的审查。但随着科学技术与市场经济的快速发展,社会对特定人才的需求扩大,研究生教育也快速发展,其规模日益扩大,招生人数逐年增加,专业学位研究生教育应运而生,导师队伍也应相应扩大。可是合格导师的数量毕竟有限,很多高校出现一个导师指导十几个学生甚至几十个学生的状况。由于导师人数的增长速度远远小于研究生的增长速度,很多学校最终不得不降低导师资格的门槛。有些高校为了弥补导师的不足,遴选导师工作不严格,造成一部分教学水平不高、科研能力较差、缺乏创新能力的教师也进入了导师队伍。还有一部分学校在评职称等方面将导师的科研能力作为主要考虑的内容,很少考虑导师培养研究生的能力和授课水平,因此很多导师只能将更多的精力和时

间用于学术研究方面。这些也对研究生培养的质量的下降造成不可估量的影响。还有一部分高校中出现这样的现象：有些导师由于在带硕士研究生方面的知识、阅历及名气不足，所以报在其名下的研究生不多，而那些老牌、有名气的导师门下弟子是越来越多；还有的新导师主要从事行政管理工作或其他社会工作，身兼多职，任务重，无暇管理研究生。另外，专业学位研究生教育具有自己独立的教育体系和模式，主要培养高层次应用型人才，因此，原有指导学术型研究生的导师在培养学生的实用型技术、从事实务工作的能力等方面也面临着挑战。

作为硕士研究生人力资源开发的向导，导师的数量和质量直接关系到硕士研究生培养的规格质量。目前在研究型农业大学里，导师队伍整体状况不容乐观，主要表现为导师队伍的基数少、学科带头人少、大师级人物少。据统计，在高校的507位两院院士中，农林院校仅有23位，还不及北京大学的中国科学院院士人数。而在高校上岗的535位教育部"长江学者"奖励计划特聘教授和客座教授中，农林院校也只有16位，不及北京大学的1/3。

1.5 导师遴选革新程度不够，"双导师"师资队伍欠缺

大部分培养单位仍以学术学位硕士研究生教育为主，专业学位硕士研究生的培养方式在一定程度上沿袭了学术学位硕士研究生的培养方式，而目前已相对成熟的专业学位硕

士研究生培养模式是在适用于在职专业学位硕士研究生教育的基础上逐步建立的,并不完全适用于全日制专业学位硕士研究生教育。全日制专业学位硕士研究生教育强调实施"校内导师与校外导师联合培养"的指导方式。校内导师主要负责与实践密切联系的课程教学及科研指导,校外导师主要负责实践技能的培养,双方在学生的培养环节中同等重要。既重视实践技能培养,又重视科研引导是全日制专业学位硕士研究生教育的双重任务,但现实却是双导师制落实程度低,实践教学比重不高,直接影响教学水平。

在专业学位人才培养环节中,师资队伍的配备和完善是确保专业学位人才培养实现的重要资源和条件。所谓"双导师"教师队伍建设即是强调教师的专业实践能力和教育教学能力,注重师资队伍的专业化水平。每位专业学位攻读者除了有一位本校学业指导的导师外,还需要有一名合作导师的指导。这类合作导师可以是本校有行业实践经验的教师,可以是其他大学有行业实际经验的学者,也可以是各行各业的专家。来自实践领域有丰富经验的高层次专业人员承担专业课程教学的比例应不低于三分之一,并积极参与实践过程、项目研究、论文考评等工作;大力引进既有理论水平、又有实践经验的优秀专业人才从事专业学位研究生教育。通过调查访谈了解到,目前部分高校存在结构性矛盾突出、导师终身制依然存在、流动较难等问题,严重影响了导师队伍的建设。而专业学位要求双导师制。从调查来看,师生对双导师重视程度都不够。据相关学生反映,部分高校开学时曾提到双导师制,但由于各种原因未能如愿开展。有的学生甚至不清楚双导师制具体是怎么回事、双导师制对自己的培养有哪些帮助,所以基本上都还是只选校内导师,这就使得双导师制在学校中成为一种摆设。但实际上,高校推行双导师制确实存在较大难度。一方面,由于没有相应的激励和考核机制,身为业内人士的校外导师都有自己的工作任务,因此不能保证学生在专业实践中能得到充足的学习,也就是说有机会,但没质量保障;另一方面,如何选拔校外导师也绝非易事,有的学校看重企业提供机会就对其相关人员委以重任的现象也时有发生。

1.6 教育质量机制不健全,对实践考核需要进一步加强

虽然我国已经成为研究生教育大国,但距离研究生教育强国还有一定的差距。目前,承认我国高级学位的只有少数国家。研究生教育是高等教育的最高层次,有精英教育的性质,所以应该比其他层次的教育更加注重教育质量。近些年来,研究生教育规模的迅速扩大,为我国研究生教育带来了一系列质量问题,毕业研究生的素质与社会要求还存在一定的差距。这主要表现在政府、研究生培养机构、导师、研究生缺乏质量意识;生源质量下降;我国的研究生缺乏独立判断、独立思考的能力和创造性思维能力,倾向于接受现成的知识和方法;很多研究生的论文还停留在摘抄、拼凑的阶段,论文缺乏实践调查研究,时效性较差。如何提高研究生教育的质量成为人们关注的焦点。

全日制专业学位硕士研究生教育质量评价活动仍归属于原有的研究生教育质量评价体系中，其评价方法、评价内容和评价主体未有本质改变。全日制专业学位硕士研究生教育在培养对象、培养方式等方面的诸多特征要求构建并完善具有专业特征、职业特性的质量评价体系。如何有效衡量体现全日制专业学位教育特征的培养效果，是全日制专业学位硕士研究生教育质量评价工作发展的努力方向。高校的内部质量评价已具有相当的保障力，但外部评价力量尚未充分发挥。社会大众或媒体的舆论或各种教学质量排行是对培养活动的后期评价，不具有适时监测和信息反馈功能。发挥潜在的社会性评价力量，建立基于竞争机制的具有评价权威的社会性评价组织，发挥其教育功能，是高等教育质量评价发展的趋势之一。例如，毕业考核是把关专业硕士培养质量的重要一环，考核方式和考核指标对于考核评价结果起着导向作用。对专业硕士来说，须将对实践能力的考核纳入其毕业考核的指标体系中，以确保专业硕士培养目标和质量。目前大多数高校专业硕士的毕业考核已将实践能力的考核纳入了毕业资格考核的体系，但还有部分专业硕士的毕业考核不仅仅停留在单一的毕业论文考核，仅在一定程度上实现了毕业考核的多样化。此趋势需要进一步强化，促使专业硕士的毕业考核能全面实现多元化，将实践能力考核真正变成毕业考核的重要因素，在考核方式上实现专业硕士与学术型硕士的区别。

1.7 社会认同程度不够，就业前景不理想

从世界高等教育发展的历程中可以看出，近现代专业教育在社会发展的进程中经历了较快的发展。专业教育的发展历经了只有少数几个专业的起步时期，经过长时间的发展逐渐进入了高等教育的专业化发展时期。自此，高等教育和大学的社会功能和社会地位也发生了全面而深刻的变化。随着科学技术的进步和发展，社会专业的种类和数量呈现出不断扩展的趋势，在此背景的影响下，专业教育的专业性特质越来越得到突显，高等教育专业性的内涵实现了扩充。20世纪以来，以美国为代表的西方国家在专业学位的定位和发展中做出了相应的探索，发展建立了较为完善的专业学位研究生教育体系，有效地保证了特定社会职业对高层次人才的需求。在学术型学位教育制度之外，逐步增设应用型学位，即专业学位，建立了专业学位研究生教育制度。我国专业学位发展的历史尚短，因此在专业学位研究生教育的发展定位上面临着一些认识的误区和定位的争议。

我国专业学位是借鉴西方国家发展而来的，专业学位研究生教育在制定和调整的过程中经历了定位的不断总结和调整。随着研究生培养规模日益扩大，截至2008年我国在学硕士研究生招生规模达104.64万人，研究型农业大学硕士研究生的报考人数也逐年攀升，但是相对于硕士研究生报考基数及社会对农业大学人才需求而言，生源总量还是很不够，报考研究型农业大学的人数还是很低，一些研究型农业大学招生任务要靠大量的调剂生才能完成。研究型农业大

学硕士研究生生源主要来自其他一般农业院校或自身的本科生,来源渠道比较狭窄,而且那些在本科阶段十分优秀的学生为了获得更好地发展空间,大多选择报考国内名牌综合性的大学或国家投入多的高校和科研机构。2008 年,我国共有农业技术推广机构 189 502 个,其中,县级以上有 22 860 个,农业技术推广机构中从业技术人员有 885 021 人,具有研究生学历的仅占总数的 0.42%。而美国县一级农业技术员中 75% 具有硕士学位。由此可见,研究型农业大学硕士研究生生源整体数量、质量都不高。调查显示,在社会认可程度上,全日制专业学位在社会上受到质疑,研究生普遍看不起专业学位,社会上的其他人也戴着有色眼镜来看待专业学位,这些给专业学位招生铺上了一层厚厚的阴霾。另外,专业学位的快速增长,令一些专家也产生了"揠苗助长"的质疑。专业学位的招生数量能够上升,但想要与之配套教育资源同时具备,却不是一件容易的事。目前在就业前景上也不乐观,专业硕士容易被用人单位误认为水平不如学术型硕士。全日制专业硕士开办时间尚短,培养单位对该类型人才的培养亦处于探索期,用人单位对专业硕士的了解仍然较模糊,不知道专业硕士的能力倾向和实际培养状况,在招聘人才时存在更青睐学术型硕士的情况。

第二节　存在问题的原因分析

专业学位研究生教育的目的是培养面向职业领域的高层次应用型专门型人才,专业学位研究生培养模式理应凸显其专业性和实践性特色。可现实中,专业学位研究生教育不仅培养目标与学术学位研究生教育有趋同的倾向,课程设置也模仿学术学位研究生教育,即其课程是以学习理论知识为主的学科课程体系,而且其教学模式也几乎是在套用传统学术学位研究生教育的学位化教学模式。考虑诸要素的关联方式,我国专业学位研究生教育人才培养模式存在问题的原因,可以从以下几个方面进行分析:

2.1　我国研究生教育起步较晚,质量机制尚未建立、完善

这是专业硕士研究生培养规模较小、学位点少的主要原因,同样是研究生教育质量的滑坡的一个原因。
(1) 评价指标的制定和选择很难做到科学性
硕士研究生教育本身有其复杂性、动态性和创造性,因此评价指标的制定和选择很难做到科学性。目前,对硕士研究生的评价还停留在物化的成果上,很难对其潜在的能力做公正的评价。

(2) 部分院校在出题、改卷等各个环节上实施"低标准、宽进校"

由于在生源方面不足，研究型农业大学为了完成招生指标，部分院校不得不在出题、改卷等各个环节上降低标准，也就是说实际上硕士研究生是宽进了。在对硕士研究生培养质量考核中，由于相关质量监控体系和评价体系不完善，在理论知识学习考核、科研能力的考核、素质的培养、思想教育、论文答辩及学位授予等核心环节监督的力度不足，往往走走过场、搞搞形式，即使是学校内部盲评也是搞搞关系，自我评价机制不健全。因此导致了学生混文凭的心态，在这种形式下最后的结果是宽进宽出。

(3) 硕士研究生在过程评价中也处于被动、不利的地位

从评价内容上看，过于重视对学生知识掌握情况的评价，轻视对学生学习过程中的理解能力、思维训练及学习态度等方面表现的考查。从评价方式上看，倾向以教师评价为主，忽视学生的自评或者他评。从评价手段上看，侧重于硬性的指标，重结果评价或终结性评价，缺乏对学生综合能力的评价指标，忽视对学生知识体系的系统评价。

(4) 考核标准缺乏一定的科学性

从对硕士研究生质量控制结果看，无论是学术学位的硕士研究生还是专业学位的硕士研究生，毕业考核的要求都是一样的，主要是通过论文的形式考查其毕业资格，形式非常单一，而且，这样的考核标准缺乏一定的科学性。

因此，寻求更多更好的考核方法，真实地反映、检测和控制硕士研究生的水平是非常困难的，同时也是必需的。

2.2 目标定位不准确，培养方向不明确

专业学位研究生教育目标定位与学术学位研究生教育的雷同，不能满足社会和市场对人才需求的灵活性、流动性、多样性的需求，最终会导致社会人才结构失衡。调查显示："有85.06%的学生认为，当前的高等农业教育'不太适应'或者'很不适应'农业可持续发展的要求。在对全国所农业院校涉及可持续发展专业的调查中反映出，其开设课程的普及程度还很不够，还不能够适应可持续发展教育的要求。"由于研究型农业大学专业学位硕士研究生培养点有限，在培养类型上又不能满足社会的需要，因而导致研究型农业大学在培养目标上求大、求全，试图培养多用人才。另外，从农业大学本身服务农业和农业科技的公共产品属性讲，有的学者则认为"研究型农业大学在培养人才上应具有公益性、农业推广的无偿性及科学成果的非垄断性"。因此，研究型农业大学的高等教育产品不应该推向市场，也不应和其他类型院校同等看待。

2.3 社会观念没有转变，研究型农业大学硕士生源成问题

我们可以从以下几个方面分析：① 社会对农业大学毕业生传统偏见，认为农业大学毕业生没有什么发展前途，特别是就业较难，待遇也不高；② 国内一些综合性的名牌大学的专业设置也向涉农、生物类拓展，使得研究型农业大学硕士

研究生招生受到巨大的冲击；③研究型农业大学硕士研究生资助体系不完善,享受的各种奖学金、补贴等相对较低,对生源没有吸引力。这些因素的综合影响,严重制约了研究型农业大学生源的数量和质量。资料显示,2004年全国硕士研究生报名超过千人的培养单位有204个,报考研究型农业大学的人数最多的中国农业大学也没有超过4 000人。同年,全国报考人数超过千人的专业共计179个,农科类专业仅7个,报名人数较多的前100名专业中农科类专业却没有一个。

在我国,由于专业学位发展起步较晚,专业学位报考政策和类型也一直处于不断探索和调整中,因此传统社会对专业学位的认识始终存在一定的误区,这直接导致了专业学位报考者的对专业学位的认识不清以及社会对持有专业学位者的认识不清。

2.4 师资队伍的设置和发展存在缺陷

专业学位发展至今已经形成了规模,并且还有继续扩展的趋势,但是在规模增长的同时,教育质量却没有得到相应提升,其中一个重要原因便是师资队伍设置和发展的缺陷。教师因其对专业学位研究生教育培养目标的不明确和对实践领域掌握储备的不足,会影响在专业硕士的培养和教育中的教学方式和教学内容,这对于专业学位教育的发展是极大的阻碍。"双导师"教师队伍既是指需要有高校导师和专业实践导师的相互配合,又是指教师在专业学位教学中需要具备高深的知识储备和基础专业实践工作经验的双重素质。我国目前专业学位研究生教育中"双导师"教师队伍存在欠缺的现状,势必影响专业学位人才培养目标的实现。

2.5 学科结构设置不均衡,不能满足社会现实需求

从学科门类来看,我国的专业学位主要在经济学、法学、教育学、文学、历史学、工学、农学、医学、军事学、管理学和艺术学设有专业学位。哲学和理学门类暂时没有设置专业学位,其中,文学、历史学、军事学和艺术学只设有一种类型专业学位,在整个学位类别体系中所占比例较低。在专业学位与我国产业结构的相关性方面,可以分析得出:从我国三大产业的发展现状和结构来看,专业学位在每一种产业中都有分布,但也都存在设置上的不相适应的情况,我国第一产业包括农、林、牧、渔,在我国目前设置的专业学位中仅有农业推广硕士、兽医专业学位与第一产业之间密切相关。第二产业主要包括工业和建筑业,其中工业包括采掘、制造、电力、煤气和水的生产与供给。我国目前已经设置了工程硕士专业学位等与之相关的专业学位类型。第一、二产业以外的产业被划入第三产业中,目前我国的第三产业已经成为我国经济发展水平的重要标志,大力发展与第三产业相关的专业学位是我国专业学位发展的必然趋势。我国设置的专业学位主要集中在第三产业,但是其涵盖范围还没有达到产业相关行业的不同层次。

经过近几年来对专业学位学科结构的调整,我国专业学位在满足与社会现实需求紧密相关的应用类学科的适切性

得到了极大改善。如在教育、工商管理、医疗卫生、工程、金融等领域都设置了相应的专业学位类型,但是与目前国际上专业学位学科发展趋势仍然存在差距。如在美国近年来出现了应用类学科群向学术型学科群渗透的趋势。国际事务硕士最初是学术型硕士学位,在发展过程中,随着全球化趋势的加强,世界各国之间的关系日益紧密,在国际事务中日益倾向于精通外交策略和外交沟通协调能力,并且同时对国际政治局势有正确判断和分析能力的复合型高层次人才。于是国际事务硕士开始设置专业学位,在人才培养上融合专业学位与学术型学位的要求,培养具有国际视野的复合型高层次专业人才。再如专业科学硕士也是在传统科学硕士学位基础上发展而来的,其涉及的学科专业包括计算机科学、数理统计、生物科学、化学在内的多个领域。在我国专业学位的学科类型构成中,对专业学位向传统学术型的融合和渗透工作仍然需要更多的论证和实践才能实行。

第六章

我国专业学位研究生培养的主要模式

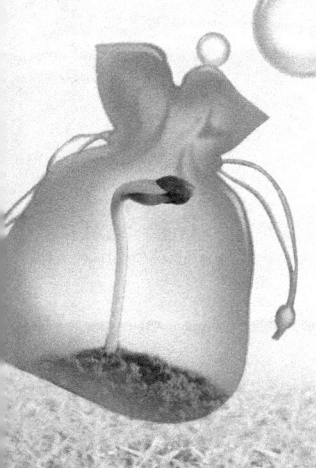

第一节 专业学位研究生培养模式的特征分析

1.1 专业学位研究生培养模式的本质特征

专业学位研究生培养模式具有知识性、职业性和实践性三个本质特征。

(1) 知识性

知识性,即知识发展性,指的是专业学位研究生的培养模式具有能够促使研究生通过一系列的课程学习、产学研合作、应用型科研等活动学习和创造知识的特点。专业学位研究生培养模式具有知识发展性主要体现在:一是专业学位研究生的教学是通过课程学习、产学研合作以及科研活动等实现了知识的递进发展;二是专业学位教育通过开展一系列应用研究实现了知识的创造和创新,实现了知识的进步与发展。

(2) 职业性

职业性,即职业导向性,是指在专业学位研究生培养模式中的各个环节的设置都以符合职业需求为目标的一种特性。专业学位(Professional Degree),是以获得某种职业为目的而设置的学位类型,虽然国外文献中并没有对专业学位有一个很准确的定义,但是美国教育部在2002年颁布的学科专业目录(CIP—2000)中对"第一专业学位"进行了定义:"为从事某特定职业而需要获得的学位,要求经过大学后教育并掌握该职业所学的基础知识和专业技能。"其中特别强调了这是一种为从事某种特定职业而必须获得的学位。

在我国,随着社会与科技的迅猛发展,社会针对职业所需知识、能力和素质等的要求变得越来越高,就业压力不断增大,因此,我国在对研究生层面的教育越来越重视职业性教育的融入,专业学位研究生的培养模式建立在以职业的需求为导向上,从而职业性成为专业学位教育的重要特点。国务院学位办《关于加强和改进专业学位教育工作的若干意见》(学位〔2002〕1号)中明确指出:"专业学位或称职业学位,是相对于学术性学位而言的学位类型,培养适应社会特定职业或岗位的实际工作需要的应用型高层次专门人才。"在我国专业学位办学过程中,从专业的设置、课程的安排、对产学研合作的重视等很多方面全都体现了职业导向性的培养模式特点。

(3) 实践性

专业学位研究生培养所表现的知识性和职业性决定了其所特有的实践性特征,这里的实践性具体是指专业硕士所必须具备的实践能力。专业硕士的实践能力主要包括一般实践能力、专项实践能力和情境实践能力。专业硕士的一般实践能力包含了身体能力、智力能力和心理能力,主要是个人的一些基本能力;专项实践能力是指个人在解决专项问题时需要的专门实践能力。专项问题的特点是比较专业但解决过程比较固定,几乎不受情境影响。比如说农业硕士运用所学到的农业知识解决相关农业问题,专业硕士的此类能力是专业知识所带来的实践能力,它包括了专业知识的获取能力和专业知识的应用能力。情境实践能力是指在具体的情境中,实践者根据现实情境的相互关系,有效分析问题,提出解决策略,恰当地决定行动路线并指导实践行为的能力。情境实践能力是解决问题的核心能力。专业硕士教育主要基于社会需求而培养研究生,情境实践能力是各个高校和专业学位研究生需要重点培养和提升的能力,并且对于专业硕士而言,这一能力是衡量其综合水平的重要指标,也是职业人士核心能力的重要组成部分。

1.2 专业学位与学术学位研究生培养模式的特征比较

专业学位研究生培养模式的主要目标是满足社会市场和企业需求,以培养应用型、复合型人才为目的,重点培养提高学生从事实际工作的实践能力。学术学位研究生培养模式的主要目标在于培养理论性学术研究者、科研工作者。

随着社会各个领域的迅猛发展,社会对高层次人才的需求变得专业化、专门化,从而进一步促进了我国专业学位研究生所占比重的上升,目前专业学位研究生与学术学位研究生所占比重已达到1∶1的状态。随着专业学位的不断发展,专业学位研究生与学术学位研究生的培养模式在培养目标、入学形式、培养方法及质量控制等方面存在很大的差异，但两者也有着千丝万缕的联系。

（1）专业学位研究生与学术学位研究生培养模式的差异

随着研究生教育的逐渐成熟，专业学位和学术学位两种研究生培养模式的差异也更加明显，在培养目标、入学方式、培养方式、培养内容、质量评价五个方面都存在明显的差异，具体详见表6-1所示。

表6-1 专业学位研究生与学术学位研究生培养模式的差异比较

	专业学位研究生培养模式	学术学位研究生培养模式
培养目标	应用型、复合型专门人才，如管理型人才（职业经理人）、开发型人才（软件工程师）、技术性人才（注册会计师）等	理论性学术研究者、科研工作者和教育工作者等
入学方式	招生对象：有职业背景、工作经验的在职人员和应届本科毕业生 入学方式：企业与学校联合培养	招生对象：国家承认学历的应届和往届本科毕业生 入学方式：通过国家研究生入学考试
培养方式	①学制比较灵活，一般为2年，也有3年制，学生可以选择在职攻读和全日制学习两种方式 ②多采用校内外双导师制 ③招收的应届本科毕业生必须保证不得少于1年的实践时间。研究生在实践前提交实践学习计划，实践结束后撰写实践报告 ④校企合作管理	①培养年限一般为3年，学生主要是以全日制学习为主 ②单一学术型导师制结合学科导师组的指导方式 ③提交实践报告，但内容没有限制性要求，可以是社会实践报告或调查报告，实践时间也没有明确要求 ④学徒式管理
培养内容	①模块式课程体系 ②学科与职业需求紧密相连 ③课程精细化、有深度 ④多采用案例教学、实验教学等形式，突出案例分析和实践研究	①学科式、系统化课程体系 ②强调学科的全面性和系统性 ③以理论学习与研究为主，不强调教学方法
质量评价	论文侧重于实践创新，主要是通过实践取得较为有效的成果和方法，要求论文有实践性、实用性的价值	学位论文要求有原创性的新的科研成果，更加注重研究理论和研究方法上的创新

(2)专业学位研究生与学术学位研究生培养模式的联系

专业学位与学术学位研究生培养模式虽然在培养目标、入学形式、培养方式、培养内容及质量评价等方面存在较大的差异,但是两者针对研究生的培养而实现的最终目的是为社会输送高层次、高素质的人才,同时,在共同的学科基础之上的专业学位和学术学位获得者继续深造是可以实现交叉发展的,详见图6-1所示。

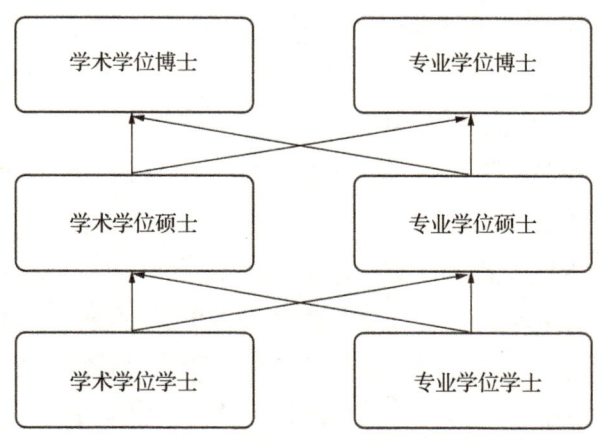

图6-1 专业学位与学术学位的交叉发展

由图6-1可知,专业学位与学术学位两者之间的发展存在一定程度的相通性,在研究生培养的类型上属于同一级别,二者在学科建设上可以交叉发展,可以相互影响、相互协调、相互补充。

1.3 全日制与非全日制专业学位研究生培养模式的特征比较

专业学位教育不仅与学术学位教育之间存在差异,在其本学位教育上也有着全日制与非全日制的区别,即全日制专业学位研究生教育和非全日制专业学位研究生教育,两者在培养模式上也存在着显著的区别,具体表现在以下三个方面。

(1) 招生生源不同

全日制专业学位研究生教育和非全日制专业学位研究生教育都属于专业学位教育,虽然类别有所不同,但是两者的目标都是为满足社会市场和企业需求,培养应用型、复合型人才。两者最大的不同主要在招生生源方面,全日制专业学位的招生生源对象以应届毕业生为主,而非全日制专业学位的招生生源则是以有工作经验的在职人员为主。

(2) 培养过程不同

在实践方面,全日制专业学位研究生大多数是没有任何工作经验的应届毕业生,因此,实践环节的设计对他们来说显得尤为重要,学校会采用全日制脱产学习的方式,并严格要求其实习质量,实习期限一般安排至少一年的时间;非全日制专业学位研究生大多拥有多年的工作经验,主要以在职学习为主,注重理论水平的提高,其课程设置可以安排较少的实践课程或实习。

在学制方面,全日制专业学位研究生主要以在校学习为主,一般学制为 2 年;非全日制专业学位研究生的学制一般要半年或者一年。

在奖学金与助学金等政策方面,2010 年 3 月教育部公布《关于切实做好普通高校全日制硕士专业学位研究生资助工作的通知》,对全日制专业学位研究生发放奖学金、助学金。

(3) 就业政策不同

全日制专业学位研究生和非全日制专业学位研究生在就业政策方面的不同主要是由于其招生生源的不同,非全日制专业学位研究生教育主要招收在职人员,对报考者有一定工作年限的要求,因此不存在就业的问题;而全日制专业学位研究生教育招收的应届毕业生在就业时面临着较大的就业问题。2010 年 3 月教育部公布《关于构建全日制专业学位硕士研究生就业服务体系有关工作的通知》,提出要通过校企合作办学、订单式培养以及与职业资格考试衔接等方式促进全日制专业学位研究生就业。

第二节 专业学位培养模式的功能分析

专业学位研究生培养模式的兴起和不断发展,加快了社会和企业所需求的高素质、高质量人才供给的速度,同时也满足了广大在职人员接受研究生教育的需求,加快了我国研究生教育与国际接轨的步伐,它的发展对完善研究生教育的结构、提高研究教育质量发挥了重要的功能作用。

2.1 经济推动功能

我们正处于以信息技术、生物技术、新能源和新材料技术为代表的21世纪新技术革命时代。各个国家为在激烈的国际竞争中占据主导地位,大力发展高层次的研究生教育,培养越来越多的创新型高层次人才。为满足各行各业对于高层次、应用型人才的需求,我国也加大了对高素质、高质量的高层次人才的培养。但是,由于学位制度建立较晚,我国的人才培养相对滞后。虽然近几年学位制度的发展较为迅速,但仍远远不能满足当前以及长远经济发展的需要。在这种情况下,我们要更加注重发展专业学位,培养"数以亿计的高素质劳动者和数以千万计的专门人才",为我国培养和输送大量高层次应用型专业人才,促进科技、教育、经济紧密结合,使经济发展更具有竞争力,推动我国经济可持续发展。

2.2 人才培养功能

随着社会经济的迅速发展,我国各行各业对训练有素、具有全球意识的高层次专业应用型人才的需求有着很大的缺口,而专业学位的教育主要倾向于应用型、复合型人才的培养,能满足各用人单位对高层次专业应用型人才的需求。人才培养功能主要体现在个体的人格塑造、社会适应力的培养与人才数量两个方面。

(1) 个体的人格塑造、社会适应力的培养

个体人格的塑造。廖文婕(2013)[①]认为专业学位教育培养的人才,首先应该具有生活的智慧,具备良好的情绪控制能力、社会适应能力以及和谐的人际关系;其次应该具有坚定的政治立场、高度的思想觉悟和高尚的道德情操,健全的人生观、价值观以及审美观;最后还必须有坚定的意志信念,对于自己的学习、工作和生活有热情,勇于克服困难,具有积极向上、奋斗不息的时代精神。由于专业学位研究生的招生对象分为应届毕业生(全日制专业学位)、有一年或者几年工作经验的在职人员(非全日制专业学位),他们之中有的即将迈入社会,有的处于事业的起步或者上升的阶段,所以,健康人格的培养对于他们来说非常重要。

社会适应能力的培养。具有适应某一行业工作需要的专业水平知识、协调工作与生活中所遇到的问题以及承担社

---

① 廖文婕.我国专业学位研究生培养模式的系统结构研究[M].厦门:厦门大学出版社,2013.

会责任、家庭责任的良好素质是专业学位研究生适应社会的重要能力。专业学位教育作为一种培养高层次专业应用型人才的教育重点考虑社会的需求,旨在使所培养的对象能够成为合格甚至优秀的社会成员。

(2) 人才数量

专业学位教育为我国社会和企业提供了大量的高素质、高层次人才,而且在人才输出速度上和数量上是惊人的。自1991年我国初设专业学位教育制度开始,经过多年的发展,学位类型由少变多,学位层次不断丰富,培养的人数也在逐渐增多。截至2008年上半年,我国专业学位教育已累计招生86.5万人,其中学历教育招生24.6万人,占专业学位总体招生人数的28.4%;在职攻读招生61.9万人,占专业学位总体招生人数的71.6%。从数据上可以看出,专业学位研究生培养模式在社会输送人才方面发挥了重要的作用。

2.3 实践服务功能

专业学位教育的实践服务功能主要体现在其本身所具有的职业性特征上。随着现代企业制度的逐步发展和完善,大型企业、公司对高层次在职人员学位教育的规范化和制度化要求越来越高,专业学位研究生教育恰好为应用型人才和实践型管理人才创造了一个实体化的培养平台。例如,企业与高校进行合作培养专业学位研究生的形式,通过专业学位研究生的培养环节,更加密切了校企之间的科研合作渠道,从而获得更多的合作机会。各种层次的科研项目广泛合作,科研项目负责人都是专业学位研究生的导师,通过合作科研,在为企业解决具体难题的同时,也培养了高质量的专业学位研究生,有利于产学研一体化的开展。

2.4 技术创新功能

由于专业学位研究生的培养对象主要是有工作经验的在职人员,这种培养方式使得实践与理论相结合,在很大程度上有利于促进应用技术的创新。虽然在职学习人员大多数都具有丰富的实践经验,但是,由于时间等因素的局限而造成理论上有所欠缺,不能把这些经验上升到理论层面。专业学位教育的开展,使得他们能够充分学习专业理论知识,并结合实践经验,反思总结,使具体的经验系统化、理论化,同时促进了理论与实践的结合。这就有利于他们突破思维定势,进行一定程度的应用技术创新。

第三节　专业学位的主要培养模式

3.1　专业学位的培养原则

3.1.1　实践与创新原则

专业学位的培养方案应体现学科和专业领域最新人才培养需求，结合学校学科发展和各级研究生教育改革与创新研究，认真总结本学科研究生培养经验，积极吸取有关学位与研究生教育的各项研究成果，进一步充实完善硕士研究生培养方案内容，在满足《学位授予和人才培养一级学科简介》要求和《专业学位类别（领域）博士、硕士学位基本要求》的基础上，使培养方案具有前瞻性、可操作性。

3.1.2　服务国家和区域经济发展原则

专业学位的培养方案应更新课程、知识内容，满足国家、地区经济社会发展需求。以大连海洋大学的专业学位培养方案为例，大连海洋大学在针对专业学位硕士研究生的培养方案中指出，要服务国家一带一路和海洋发展战略，支持辽宁老工业基地新一轮全面振兴，适应辽宁沿海经济带对高层次专门人才的客观需求，推动和落实供给侧改革。

3.2 专业学位的特色课程体系

为适应建设创新型国家和人力资源强国对高层次创新型人才和应用型人才的需求,加大研究生教育教学改革与创新力度,突出研究生创新能力、实践能力以及综合素质的培养,笔者结合自己工作单位大连海洋大学的农业硕士培养经验,建议采用"核心模块+扩展模块+实践模块+个性化模块的课程设计",进一步提高研究生培养质量。

社会对专业学位研究生的需求类型的差异以及专业学位培养模式存在的职业性与实践性的特征,使得专业学位研究生的课程设计具有模块化的特点。专业硕士研究生课程按模块方式进行设置,分为核心模块、拓展模块、保障模块和个性化模块,即"3+1"模块课程设计。

核心模块为学位必修课程,是专业学位研究生获取学位所必修的基础理论和专门知识的课程,包括公共学位课和专业学位课。专业学位课按一级学科设置,为专业学科理论课或领域理论课,应体现学科(领域)的共性基础理论和方法,反映本学科发展的前沿状况,吸收最新科技成果,体现学校学科特色。

拓展模块为学术素养必修课程,是指各学科(领域)为加强专业知识、提升专业能力、提高专业素养、拓宽知识面而设置的课程,主要包括文献阅读与综述、学术规范与论文写作等课程。

实践模块为专业能力(职业能力)必修实践课程,是为了保障和提高研究生运用系统学科知识解决科研、实践问题的能力而设置的课程和环节。专业学位研究生职业能力课程包括创新创业课程或竞赛、上岗实习与职业能力培训两个环节。

个性化模块为任选课程,是为了提升研究生综合素质而设置的课程。本模块体现因材施教、课程贯通的原则,满足研究生个性化发展的需求,鼓励研究生根据个人兴趣、发展方向、职业规划等选修跨专业、跨学科、跨学院的课程,课程选修不设限制,研究生可选择全校研究生阶段任一课程作为选修课,并计入学分。个性化模块体现因材施教、满足研究生个性化发展的需求。

通过"3+1"模块课程设计,一方面保障和提高研究生运用系统学科知识解决科研、实际问题的能力,另一方面体现因材施教、满足研究生个性化发展的需求。

第四节 农业硕士综合改革试点工作推进意见

为深入贯彻《教育部关于开展研究生专业学位教育综合改革试点工作的通知》(教研〔2010〕1号)精神,落实辽宁省委、省政府关于推进普通高中等学校供给侧结构性改革工作部署和要求,进一步探索我校(大连海洋大学)农业硕士研究生教育培养模式和管理体制,推进研究生教育可持续发展,促进研究生专业学位教育更好地适应经济社会发展和满足人民群众的多样化需要,根据国家、辽宁省政府工作部署及有关文件精神,结合学校实际,特制定本实施方案。

4.1 指导思想

为进一步推进农业专业学位研究生教育改革与发展,探索和创新符合农业专业学位教育特点、具有鲜明特色的研究生专业学位教育培养模式和管理体制,逐步健全具有中国特色和地方特色的农业专业学位研究生教育制度,按照《教育部关于开展研究生专业学位教育综合改革试点工作的通知》和省委、省政府关于辽宁振兴发展的具体措施和省教育厅总体要求,面向我省农业产业发展的现实需求,遵循社会主义市场发展规律、教育发展规律和科技创新规律,以供给侧结构性改革为引领,紧密围绕"建合作共赢联合培养基地,促服务需求培养模式创新"的重大战略部署,结合学校创新创业教育和专业向应用转型发展工作,为辽宁经济社会发展作出更大贡献。

4.2 工作思路

把握当前我国经济社会发展的新常态,遵循研究生教育和人才成长规律,按照教育部和国务院学位办有关研究生专业学位教育综合改革试点工作的总体要求,在分析大连海洋大学农业硕士(农村与区域发展领域、农业科技组织与服务领域)的综合改革及其成效的基础上,坚持质量优先、突出特色、合作共赢、服务需求的原则,以转变办学理念、优化课程结构、完善制度机制、改革教学手段、创新课程体系、优化导师队伍、加强基地建设、改善培养条件为重点,大胆吸收与借鉴国内外一流高校研究生培养的先进经验,进一步创新农业硕士培养模式,着力提高任课教师的教学水平,全力培育研究生的学术素养和实践能力,促进研究生教育与学科建设、科技创新、社会服务紧密结合,全面提升我校农业硕士研究生培养质量,为今后做好专业学位研究生教育工作理清思路。

4.3 目标任务

面向国家长远发展战略和辽宁经济社会发展对农业高层次人才的需求,分层次、分类别稳步推进。通过开展农业硕士研究生综合改革试点工作,力争在农业硕士研究生教育培养模式创新和管理体制改革方面实现较大突破,采取有针对性的改革举措,取得显著成效,积累可推广的成功经验。同时,积极引导研究生任课教师、研究生导师、研究生、教学及管理人员,广泛开展农业硕士研究生教育理论与实践探讨,逐步建立适应社会发展需求、符合创新人才培养目标、体现学校办学优势和学科特色的高水平研究生教育体系。

4.4 工作任务和主要措施

4.4.1 以完善培养方案优化人才培养模式

根据国务院学位委员会第六届学科评议组关于一级学科博士、硕士学位授予的基本要求,全面修订全日制专业学位研究生培养方案,按照新的培养目标、培养方案和教学内容,贯通本、硕两阶段的课程,淘汰陈旧课程或内容重复的课程,统筹课程设计,形成目标明确、要求严格、课程精致、环节协调、特色鲜明的本、硕一体化课程体系。加强公共基础课程建设,提升公共基础课整体教学水平;加强专业核心课程群建设,形成应用性强、具有鲜明特色的专业核心课程群。统筹理论教学与实践教学,更新教学内容,及时引进农业领域的新知识、新技能、新工艺,实现教学内容和社会需求的有效衔接。统筹第一课堂与第二课堂,积极推进第一课堂、第二课堂一体化建设,加强精品开放课程建设,实施翻转课堂,倡导混合教学模式,推进更多优质教育资源共享。开展课程考核方式改革,强化专业实践教学环节。

4.4.2 以实现学科专业一体化完善农业硕士研究生教育

根据行业发展态势、企业需求和我校实际情况,调整学科专业规模、结构的动态机制。学校以专业转型发展为契机,在师资队伍建设、实践教学资源建设等方面进一步加大对转型专业的投入。农业硕士纳入农林经济管理重点培育一级学科,农业硕士农村与区域发展领域逐渐建设成为农村管理二级学科,农业硕士农业科技组织与服务领域逐渐建设成为农业管理二级学科,目前梯队成员14人。结合辽宁经济结构调整和供给侧改革的趋势动态,集中校内外优质导师资源,突出重点,培育1个一级学科,2个二级学科,2个应用型新专业,将农业硕士切实办出特色、办出水平。

4.4.3 定期组织教师下基层锻炼

对于广大教师而言,虽然理论水平较高,但普遍缺乏专业技术的实操能力和社会实践的经历,因此导致导师遇到实际问题时指导能力不足。为进一步开阔专任教师视野,把握行业最新最活的知识、理念,充实教学,提升科研,使自身的能力和素质有新的提高,学校计划每年安排一至两名教师进行有目的、有计划地下基层锻炼,使其能适应和胜任教学和科研的需要,从而提高农业硕士研究生实践能力的培养水平,具体实施方案详见附件一。

4.4.4 加强合作共赢联合培养基地建设

目前专业硕士研究生联合培养基地由于基地容纳人数有限,无法满足实际培养的需求。因此,下一步要紧密围绕

"建合作共赢联合培养基地,促服务需求培养模式创新"的重大战略部署,按照省委、省政府关于辽宁振兴发展的具体措施和省教育厅总体要求,面向我省农业产业发展的现实需求,以供给侧结构性改革为引领,建设三类研究生培养基地,即行政单位、事业单位和农业企业,增加容纳能力。

4.4.5 加大农林经济管理高端人才引进力度

加强高层次人才引进和培养,建设一支数量适当、结构合理、素质优良的高水平师资队伍,把"人才强校"战略落到实处。到2020年,农林经济管理专业教师总数增加,具有博士学位教师的比例达到80%,重点引进农林经济管理专业高水平人才。力争引进和培养2名在国内外有一定影响力的学科领军人物,培养和引进在本学科领域有较大贡献、有一定影响力的省级优秀人才。同时,现有教师队伍通过在职攻读博士学位、培训、访问学者等途径提高教学水平、科研和社会服务能力。

4.4.6 创建"科技小院"研究生培养模式

创新驱动已经成为国民经济发展重大而紧迫的战略任务。培养创新、创业型人才是实现创新驱动发展战略的关键。涉农高校承担着创新、创业型农业人才培养的重任,如何适应时代培养既满足三农发展需要、又满足学生就业需求的创新、创业型研究生,成为研究生教育改革的重要目标。结合学校创新创业教育和专业向应用转型发展工作,强化专业特色和人才培养特色,聚焦教育教学模式改革、"双师双能型"师资建设、校企"产学研"融合等重点问题,以综合改革驱动专业转型发展,积极推动学校综合改革和创新创业教育,形成有利于人才培养的新的运行机制和制度体系,主动适应行业需求和市场需要,结合我校"辽宁海洋渔业产业校企联盟",成立涉农高校"科技小院"研究生创新创业教育联盟,提升学校服务经济社会发展的能力和水平。

4.5 保障措施

(1) 组织保障

学校成立农业硕士研究生综合改革试点推进工作领导小组,由主管研究生工作的副校长担任组长,组员包括研究生院、人事处、计财处、教务处、科技处、资产处负责人及学院、导师代表。领导小组负责全面规划试点工作,推动试点工作有序开展,完善各项制度,指导、检查、协调进度安排和项目验收。

各学院成立由院长、分管研究生教育工作的副院长、学位点负责人、教研室负责人、知名教授、青年教师和实践专家等组成的研究生综合改革试点工作小组,负责本单位研究生综合改革试点工作的实施、管理、咨询、反馈工作,协助做好有关检查、验收工作。

农业硕士试点工作应建立自我发展评价和管理制度,实时监控建设情况,采取阶段检查和定期汇报相结合的方式,对建设工作全程监控,对存在的问题提出指导性改进建议和意见。对发展成效显著的学院予以一定的奖励,鼓励大胆创新,全面推进农业硕士综合改革试点工作。

(2) 制度保障

制定《关于全面修订全日制专业硕士研究生培养方案的指导意见》《全日制专业硕士研究生课程教学质量评价管理办法》《专业硕士研究生教学质量奖评选办法》《青年教师下基层锻炼的组织管理与考核制度》《专业硕士校外实践基地管理办法》，修订《专业硕士研究生教学管理规定》《大连海洋大学研究生精品课程建设管理办法》等系列管理规章制度，为试点工作提供制度保障。

(3) 经费保障

课程建设试点工作采用"项目管理"运作模式，实行"项目负责制"，项目负责人负责项目各环节的统筹安排，确保项目建设能高质量完成。为有效推进研究生课程建设试点工作，学校每年投入研究生综合改革试点专项经费，用于各类农业专业硕士的建设。项目经费使用严格按照国家有关财经法规和学校财务制度执行。由学校专业硕士研究生综合改革试点工作领导小组负责审批，研究生院负责统筹安排。经费实行按项目总体规划，分年实施，独立核算，专人管理，专款专用。

4.6 进度安排

试点工作的推进拟分三个阶段：

第一阶段：开展调研，制定方案。根据改革试点工作安排，成立学校研究生课程建设试点、农业硕士研究生综合改革试点工作领导小组和工作小组，围绕我校学位与研究生教育的实际情况和现实问题，组织专题调研，制定试点工作实施方案。同时,完善各种相关管理制度。

第二阶段:组织实施,推进改革。学校、学院和有关职能部门按试点方案要求完成改革任务。具体如下:

1. 完成全日制研究生培养方案的修订工作,各学科确定核心课程建设计划。

2. 完成课程教学大纲的制订工作。

3. 学校立项建设一批研究生精品课程。

4. 方案实施后,召开校内农业硕士研究生综合改革试点建设研讨会,邀请各学院、授课教师、导师、研究生等参会,听取各方意见和建议,对方案实施进展进行阶段性反馈和总结,并根据实际情况作出调整,以保证改革顺利推进。

第三阶段:总结经验,检查验收。按照改革试点要求,全方位总结农业专业硕士建设试点工作的经验成果以及不足,为下一步的建设和改革打下基础。

第七章

农业硕士培养模式案例分析

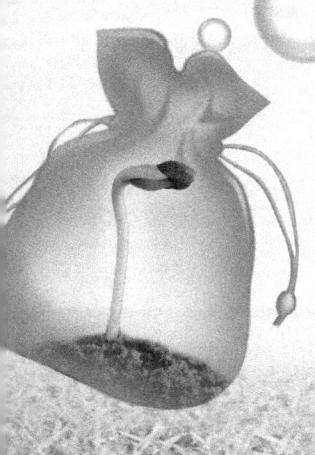

第一节 中国农业大学农业硕士培养模式分析

1.1 发展概况

中国农业大学研究生院是1984年8月由国务院首批批准试办的22所研究生院之一,1996年由原国家教委批准设立,正式挂牌。

为了适应客观情况发展的需要和研究生教育的发展规律,提高培养质量,更好地满足社会发展对高层次人才培养的需要,中国农业大学于2012年启动新一轮专业硕士研究生教育改革,改革的总体目标和思路是:围绕中国农业大学建设世界一流的农业大学,成为国际知名、有特色高水平的研究型大学的发展目标,树立科学的质量观,明确专业硕士研究生教育以培养应用型人才为主,强化实践能力的训练。通过调整学制、修订培养方案、改革招生制度和导师任职制度、强化培养过程管理、加强质量保障体系建设和完善奖助制度等措施,全面提高中国农业大学专业研究生教育质量,更好地满足社会对高层次人才的需求。

国富民殷、强农为本。解民生之多艰,育天下之英才,是学校百年不变的追求。数代农大人情系乡土,忧患苍生,为实现中国人千百年来的温饱和富庶之梦不遗余力,与祖国和人民保持着最紧密的血肉联系,形成了学校特有的勤勉持重、爱国忧民的精神传统和严谨求实、厚德博学的办学传统。今天的中国农业大学,保持着农业优势学科,发展着多种新兴学科,同瞬息万变的世界紧密相连,与日新月异的科技同步发展,正朝着世界一流农业大学的目标阔步迈进。

1.2 培养模式

（1）培养目标

全日制农业硕士专业学位是针对社会各行业的从业标准和对知识、技术含量的要求,培养掌握某一专业（或职业）领域坚实的基础理论和宽广的专业知识,具有较强的解决实际问题的能力,能够独立承担专业技术或管理工作、具有良好职业道德的高层次应用型人才。要求在本学科中掌握坚实的基础理论和系统的专业知识；了解本学科相关知识产权、研究伦理等方面的知识；在本门学科上具备基本的研究和应用能力,主要包括获取知识的能力、科学研究能力、实践能力、学术交流能力等。能综合运用已有的理论和专业知识,解决实际问题,具有独立承担专业领域实际工作和管理工作的能力。

（2）学习年限

全日制农业专业学位研究生,需全脱产在校学习,基本修业年限为2年,最长修业年限为3年。非全日制农业专业学位研究生,采取多种方式和灵活时间安排进行非脱产学习。农业硕士基本修业年限为3年，最长修业年限为5年。课程学习实行学分制，要求在校学习时间不得少于半年或500学时。对超过基本学习年限但不超过最长在校学习年限的硕士研究生，实行备案管理；达到最长在校学习年限时，研究生必须按照相关规定办理离校手续，不再保留学籍。

中国农业大学农业硕士研究生（包括全日制与非全日制）以培养应用型人才为主，培养内容突出宽口径和实践性特征。所有达到农业硕士研究生培养方案要求者，按招生类别获得相应的毕业证书及学位证书。全日制和非全日制农业硕士研究生实行相同的考试招生政策和培养标准，其学历学位证书具有同等法律地位和相同效力。

（3）录取方式

中国农业大学农业硕士研究生招生将按照"推荐免试"和"全国统一入学考试"两种方式录取。"推荐免试"面向全国所有符合中国农业大学接收条件并获得推荐免试资格的优秀应届本科毕业生，校外推荐免试生详见《中国农业大学接收外校推荐免试研究生实施办法》。"全国统一入学考试"面向应届本科毕业生或已经获得学士、硕士、博士学位者或达到本科毕业生同等学力报考条件的考生，入学流程如表7-1所示：

表7-1 中国农业大学农业硕士研究生入学流程

	推荐免试	全国统一入学考试
接收、报考条件	1. 校内推免生：取得本校推免资格的优秀应届本科毕业生 2. 校外推免生： ① 本科期间学习成绩综合排名在本专业同年级学生前列 ② 国家英语四级水平考试成绩在425分以上 ③ 取得本科就读学校推荐免试资格 3. 符合"少数民族高层次骨干人才计划"条件的推免生，须取得有关省、自治区、直辖市教育行政部门(设有民教处的由民教处负责，未设民教处的由高教处负责)同意并与当地教育行政部门签订"国家定向培养计划少数民族高层次骨干人才攻读硕士学位研究生定向协议书"	1. 应届本科毕业生(研究生新生报到前须取得国家承认的本科毕业证书) 2. 具有国家承认的大学本科毕业学历的人员 3. 已获得硕士学位或博士学位人员 4. 在校硕士或博士研究生：考生须在报名前征得所在培养单位同意，取得书面同意意见书 5. 获得国家承认的高职高专毕业学历后满2年(从毕业后到录取当年9月1日，下同)或2年以上，达到与大学本科毕业生同等学力的考生，须同时具备以下报考条件： ① 公开发表的与报考专业(领域)相关的第一作者研究论文 ② 补修六门以上(含六门)报考专业(领域)的本科主干课程，由补修课程的高校教务部门出具加盖教务部门公章的成绩单 6. 国家承认学历的本科结业生，按本科毕业生同等学力身份报考 7. 报考"少数民族高层次骨干人才计划"的考生除符合上述报考条件外，还需提交填写完整的《报考少数民族高层次骨干人才计划硕士研究生考生登记表》，该表由定向培养的省(自治区)、直辖市教育行政部门的民族教育主管部门提供
时间安排	9月下旬前为本科就读学校推荐时间 9月下旬进入接收阶段，10月底结束	网上报名：10月底前 现场确认：大概为11月中旬
初试时间及科目		初试时间：按教育部规定时间 考试科目：详见《中国农业大学硕士研究生招生专业目录》 考试大纲：详见《中国农业大学部分自命题硕士入学考试大纲》

续表 7-1

	推荐免试	全国统一入学考试
报考资格审查		1. 应届本科毕业生：学生证、居民身份证（或军校学员证）、准考证及完整的本科学习成绩单（需有教务部门公章，下同） 2. 非应届本科毕业生、硕士、博士：有效身份证件、本科毕业证书或硕士学位证书或博士学位证书、准考证以及本科或硕士或博士学习期间的成绩单 3. 同等学力考生：有效身份证件、本科结业证或高职高专毕业证、准考证、完整的大学学习成绩单、公开发表的与报考学科相关的学术论文，高职高专毕业生还应提交补修的本科主干课程成绩单
复试		时间一般在3月中下旬 复试成绩占入学考试总成绩的50% 考试形式采用笔试、面试、外国语听力口语测试及实验操作等多形式相结合的方式 同等学力考生还需加试两门专业课
录取		1. 初试成绩＋复试成绩择优录取的招生办法 2. 录取类别分为非定向就业和定向生就业两种。定向就业硕士研究生毕业后回定向单位就业，非定向就业硕士研究生毕业时采取毕业研究生与用人单位"双向选择"的方式，落实就业去向 3. 各类应届本科毕业生如入学报到时不能提交国家承认的本科毕业证书，将取消入学资格
学费及奖助学金		学费6 000元/年 资助包括了国家助学金、学校助学金、学业奖学金、国家奖学金、校长奖学金和"三助"津贴六个部分

（4）培养方式

学校按照国家研究生招生相关规定，于2016年12月1日后录取的研究生从培养方式上按全日制和非全日制形式区分，2016年11月30日前录取的研究生按原有规定执行。根据培养要求统筹全日制与非全日制研究生教育协调发展，坚持同一标准,保证同等质量。中国农业大学农业硕士培养环节流程如表7-2所示。

表7-2 中国农业大学农业硕士研究生培养环节流程

培养环节	培养环节基本要求	学分要求	时间安排
制订培养计划	新生入学后,在导师的指导下制定课程学习和论文计划,填报"培养计划表"		入学第一个月
课程学习	按照相应学科培养方案要求,完成规定课程学习	22学分	第1~2学期
实践教育	按照"研究生实践教育实施办法"执行	4学分	第1~2学期
开题报告	在导师指导下选题,规范撰写开题报告,并通过开题报告会审核	2学分	第2学期
中期考核	按照"研究生中期考核办法"执行		第3学期
论文答辩	学位评定委员会审核		第4学期
总学分		28学分	

① 制订个人培养计划

培养计划包括课程学习计划和论文工作计划两部分。课程学习计划根据农业硕士的培养方案和硕士生的专业基础制订,一般在入学一个月内完成。论文工作计划在硕士生论文开题时完成,一般在第2学期内完成。硕士生应在研究生综合管理信息系统中提交培养计划,经导师审查通过后,存入系统电子档案。硕士生必须完成培养计划规定的各项任务,取得相应学分,方能申请毕业(学位)答辩。执行过程中如因客观条件变化,可以修订培养计划,但需经学院主管负责人同意,并报研究生院培养处备案。硕士生课程设置应围绕本学科的知识体系和硕士生的培养要求,以实际应用为导向,以提高综合素质和实践能力为目标。教学内容强调理论和实践相结合,通过案例分析、实际项目训练等,培养硕士生掌握本学科的基础理论和专门知识,训练硕士生具备获取知识的能力和学术鉴别能力。

② 课程学习

农业硕士生学习实行学分制,所选课程和培养环节考核成绩 60 分以上(含 60 分)方可获得学分,总学分要求不低于 28 学分,其中课程学分不低于 22 学分,培养环节 6 学分(包括实践教育 4 学分,开题报告 2 学分)。

③ 实践教育

农业硕士生在学期间,应深入实际或基层生产一线,结合专业所长,完成 1~2 个实际项目,在实践中提高综合素质和实践能力。实践教育包括教学实践、社会实践或科研实践,硕士生应在中期考核前完成实践教育,通过者可获得 4 学分。具体规定和要求按照《中国农业大学研究生实践教育实施办法》执行。

④ 开题报告

硕士生应在导师指导下,在查阅文献资料和实践的基础上,完成论文选题和开题报告。开题报告应在第 2 学期内完成,具体时间由导师或所在院系决定。经评审通过的开题报告,应以书面形式交各学院研究生管理部门备案,并在硕士生培养档案中保存。开题报告包含文献综述、选题背景及其意义、研究内容、研究方案、工作特色及难点、预期成果及可能的创新点、经费预算、参考文献等。开题报告应按规范要求撰写。各学院或学科应对开题报告提出明确具体的评价标准和要求。开题报告一般要求公开举行报告会,由本学科专业 3 人以上专家组成评审小组,对硕士生所做的开题报告进行评审,提出具体的评价和修改意见。通过开题报告者获得2学分,不通过者可限期重新开题,仍未通过者不能取得本环节规定学分,并按照《中国农业大学研究生学籍管理规定》处理。

⑤ 中期考核

中期考核是根据硕士生个人培养计划,检查硕士生的学习进展情况。中期考核的目的是及时了解和帮助硕士生发现和解决学习中存在的问题,促进硕士生的学业进步和综合能力发展。硕士生中期考核应在第3学期初进行,具体规定和要求按《中国农业大学研究生中期考核实施办法》执行。硕士生论文选题应来源于农业应用课题或现实问题,有明确的应用价值。论文内容要有一定的技术难度,具有先进性和实用性,能体现农业硕士生综合运用所学的理论、方法、技术手段解决实际问题的能力。

⑥ 论文工作

学位论文必须在导师指导下由硕士生独立完成,并实事求是地反映作者所完成的工作。论文内容应以研究生本人从事的实验、观测和调查的材料为主。导师要加强从开题到论文写作、答辩的全过程指导。

(5) 质量评价

学生考核:学位论文是考核学生能否顺利毕业的重要指标,包括论文开题、中期检查、论文答辩等几个环节,学生需在学位论文撰写前向导师提交开题报告,经由评审小组评审通过后上报学院学位委员会批准,方可进行学位论文的撰写。

课程评价体系：每学期末，所有研究生会通过教务系统，对各个课程教师进行评估，学院对所有评估结果进行整理、汇总、分析，并反馈给每位老师，促进课程的不断完善和进步。

1.3 特色项目

2015年教育部下达了"关于做好深化专业学位研究生教育综合改革试点工作的通知"，中国农业大学被教育部定为全国十二所试点高校之一，批准实施"深化专业学位研究生教育综合改革试点项目"。在国务院学位办的领导下，中国农业大学以深化培养模式、创新培养体系为改革重点，在农业硕士、工程硕士和兽医硕士三种专业学位类型中开展试点，围绕"拓展、创新、国际化"深化推进改革。中国农业大学自专业学位研究生教育综合改革实施以来，在专业学位研究生教育方面建设成效显著。

根据教育部相关要求，2015年年底中国农业大学启动了专业学位研究生教育综合改革项目。学校领导高度重视，各相关部门从支持条件和配套协调等方面积极推动，确保了组织领导落实到位，项目运行高效有序。

经过近一年的建设，制定试点培养方案4个；设立专项资金，新开课程13门；举办案例教学培训，参加导师52人；建立和完善校外实践基地37个；外聘校外导师58名，组建校内导师团队54名；试点招收研究生82名；派出研究生到国外培养31名，返校16名；举办暑期学校（初级实践）4个，参与学生82名。以科技小院模式为基础撰写的研究论文《科技小院让中国农民实现增产增效》登上国际顶级刊物《自然》。

在深化培养模式改革方面,中国农业大学构建了按照专业技能实践、职业岗位轮训、实践研究三位一体的实践教学体系,并根据初级实践—理论学习—深入实践的"三段式"培养模式做好实践教学的实施工作。

在创新培养体系方面,组建导师指导团队,完成聘任工作;以试点专项工作为契机,加强实践基地建设;以"共享条件,联合创新,平等互促,共同建设"为宗旨,构建涉农高校研究生创新创业教育信息服务平台和课程、团队建设研究合作机制,实现教育创新成果共享与区域领域优势互补,并以多样化、多层次的合作交流形式开展创新工作。

中国农业大学专业学位研究生教育综合改革得到了教育部的充分肯定和兄弟院校的高度认可。中国农业大学专业学位研究生教育综合改革成效离不开试点专项学院的支持和努力。通过专业学位研究生教育综合改革项目,更好地展示了学校研究生教育综合改革的成果,彰显了中国农业大学研究生教育在全国的影响力。

1.4 中国农业大学的启示

(1) 加强跨学科能力的培养

目前,农业硕士的专业实践能力的培养和考查,已经不只局限于农业专业知识和技能,而应包括专业知识和技能、跨学科知识、创新能力、团队合作能力、职业素养等多方面素质,而这些素质中,跨学科知识和创新能力是农业硕士研究生中最缺乏的。农业院校在培养方案制定中,应着重考虑跨学科课程的加入，以此提高农业硕士的综合素质。

（2）明晰人才培养目标

各农业专业学位授权点应参考相应专业学位研究生教学指导委员会相关文件精神，通过对用人单位调研、就业质量跟踪等手段，结合行业要求、国家经济发展对高层次人才的需求、突出职业导向和特色，注重与行业资格标准衔接，以提高农业硕士综合素质和知识应用能力为核心，结合学校培养基本定位、特点、优势和农业硕士研究生自身发展需求，合理制定本学科专业具体的培养目标。

（3）发挥校外实践指导教师的作用

进一步完善农业专业学位研究生校内外双导师制度，建立校外实践指导教师数据库，每年至少召开一次校外实践导师培训交流会；明确责任，充分发挥其在课程教学、专业实践、学位论文等环节中的职能和作用。在专业实践考核体系建立中，应明确校外实践指导教师的重任与义务，充分发挥"双师制"优势，将校外实践指导教师的作用发挥到最优。同时，在考评体系中，应加入校外实践指导教师对学生实践情况的描述与总结。

（4）构建多方互动的全面考评体系

农业硕士研究生的考评形式需多元化，应以解决行业实际问题、促进地方经济发展为导向，实践考核体系需多方参与，同时加入考核"互动性"的概念，质量考核不仅局限于研究生本人和校外实践指导教师，更需要研究生校内导师、所在二级学院管理人员的参与以及学校层面的参与，从而达到学生、企业、导师、学校多方互动的考评效果。

第二节 西北农林科技大学农业硕士培养模式分析

2.1 发展历程与概况

(1) 西北农林科技大学农业硕士概况

西北农林科技大学地处中华农耕文明发祥地、国家级农业高新技术产业示范区——陕西杨凌,现为教育部直属、国家"985工程"和"211工程"重点建设高校。学校是全国农林水学科最为齐备的高等农业院校,设有25个学院(系、所、部)和研究生院,共有13个博士后流动站,16个博士学位授权一级学科,28个硕士学位授权一级学科,65个本科专业。现有7个国家重点学科和2个国家重点(培育)学科;农业科学居US.NEWS学科排名全球第26位;农业科学学科领域进入ESI全球学科排名前1‰之列,农业科学、植物学与动物学、工程学、环境科学与生态学、化学、生物学与生物化学6个学科领域进入ESI全球学科排名前1%之列。建有2个国家重点实验室,1个国家工程实验室,3个国家工程技术研究中心,3个国家野外科学观测研究站,55个省部重点实验室及工程技术研究中心。

建校82年来,学校始终紧扣"三农"发展主题,坚持走产学研紧密结合的办学道路,已从以农为主的单科性大学发展为目前以农为特色、多学科协调发展的全国重点大学。当前,按照学校新的规划目标和战略思路,全校师生以科学发展观统揽全局,正在为实现"突出产学研紧密结合办学特色、创建世界一流农业大学"战略目标而努力奋斗!

农学院是西北农林科技大学办学历史最悠久的学院之一,1936年开始招收本科生,1960年开始招收研究生。按照国家进一步调整和优化硕士研究生类型结构的要求,西北农林科技大学从2009年起开展全日制专业学位硕士研究生的招生培养工作。2009年的招生人数为46人,2013年招生计划已增至700人。目前,该类型研究生在校生规模约为1 300人。近年来,学校充分利用产学研合作优势,开展了以大学农业推广体系为依托的全日制专业学位硕士研究生培养模式改革。以强化研究生的实践教学为突破口,构建新的教学模式,加强课程改革与建设,改革教学内容、方法与手段,建立以实践为导向的教学体系。在人才培养过程中强调研究性与职业性紧密结合特点,强化实习实训教学环节,建立培养与就业互相促进的有效联动,把全日制专业学位硕士研究生培养与试验基地的推广、研究、生产紧密结合起来,在全日制专业学位研究生培养模式上进行了积极的探索。

(2) 西北农林科技大学农业硕士发展历程

自1999年以来,学校先后获批农业推广、兽医、工程、风景园林、工商管理等硕士专业学位授权点。目前,学校硕士专业学位授权点已达到10个,专业学位研究生教育布局和结构更加合理,初步形成了多渠道、多规格、多层次的研究生培养模式。学校结合自己实际情况,已开设作物领域、植物保护领域、农业资源利用领域、农业推广园艺领域、养殖领域、渔业领域、农村与区域发展、农业科技组织与服务领域、农业信息化领域、草业专业、林业专业、食品加工与安全领域培养等12个农业硕士的专业招收。

在建设产学研紧密结合、世界一流农业大学战略目标过程中,学校始终以加强学科建设为龙头,以提高研究生培养质量为根本,以培养创新性高素质人才为目标,深入推进招生选拔机制、导师责权机制、投入与资助机制、分流与淘汰机制、培养模式、质量保障体系、研究生教育国际化等创新性改革。

2.2　培养模式分析

(1) 培养目标

西北农林科技大学专业学位硕士研究生的招生简章显示,农业硕士应拥护党的基本路线和方针、政策,热爱农业,能积极为我国农业现代化和农村发展服务;掌握相应推广领域现代推广理论和方法以及相关的管理、人文和社会科学知识,有较宽广的知识面,具有独立担负农业技术推广、管理和农村发展较高层次工作的能力。培养的学生身心健康、知识结构合理,有健全的人格、高尚的人文情怀和社会责任感,有一定的批判思维与创新能力、科学研究能力、语言文字表达能力、终身学习能力和组织管理能力,具有国际视野和团队合作精神。

(2) 入学方式

西北农林科技大学农业硕士研究生的基本学制为 2 年，弹性 2～3 年，综合近几年的西北农林科技大学研究生招生简章，得出以下信息（如表 7-3 所示）。

表 7-3　西北农林科技大学农业硕士研究生入学流程

全日制农业硕士研究生	
报考条件	国家承认学历的应届本科毕业生（录取当年的 9 月 1 日前须取得国家承认的本科毕业证书。含普通高校、成人高校、普通高校举办的成人高等学历教育应届本科毕业生，及自学考试和网络教育届时可毕业本科生） 具有国家承认的大学本科毕业学历的人员 获得国家承认的高职高专学历毕业后满 2 年（从毕业后到录取当年的 9 月 1 日，下同）或 2 年以上，达到与大学本科毕业生同等学力考生（复试时加试两门考试课程） 国家承认学历的本科结业生，按本科毕业生同等学力身份报考 已获硕士、博士学位的人员 在校研究生报考须在报名前征得所在培养单位同意
报名时间	网上报名时间：每年 10 月；现场确认时间：每年 11 月中上旬
初试时间及科目	所有报考者必须参加全国硕士研究生招生考试，初试时间一般在每年 12 月底，考试科目为思想政治理论、英语（二）、业务课一、业务课二
复试环节	参加复试的考生应符合进入复试的初试成绩基本要求 在复试阶段对考生学历证书、学生证等报名材料原件及考生资格进行审查 一般为每年 3 月 对以同等学力身份（以报名时填报的信息为准）报考的考生复试时加试两门本科主干课程
录取	根据考生初试、复试成绩，政审情况及体检结果，按照"德智体全面衡量，择优录取，保证质量，宁缺毋滥"的原则进行录取。具体规定可参阅学校每年于复试前公布的硕士研究生招生复试工作方案
新生入学	每年 9 月
学费	学费 12 000 元/学年

(3) 培养方式

攻读农业推广全日制专业学位硕士研究生的学生，采用课程学习、实践环节和学位论文相结合的培养方式。课程学习实行学分制,采取多学科综合、宽口径培养方式。

学位论文实行导师负责制,鼓励由校内具有农业推广、农业或农村科技管理实践经验的导师与农业推广或农业、农村管理部门推荐的业务水平高、责任心强的具有高级专业技术职称的人员联合指导。

① 课程设置

本领域课程根据培养目标的要求设置。教学内容应体现厚理论基础、重实际应用、宽广性、综合性、实用性,并充分反映当代农业科技管理发展前沿。攻读本领域农业推广全日制专业学位硕士研究生需学习以下课程,总学分应不少于30个学分。课程设置如表7-4所示。

表7-4 西北农林科技大学农业推广硕士研究生课程设置

课程类别	课程名称	学分	学时	开课学期	备注
学位课	英语	3	48	春、秋	
学位课	自然辩证法	2	32	春、秋	
学位课	农业技术推广理论与方法	2	32	春	
学位课	农业科技与"三农"政策	2	32	秋	
学位课	农业传播技术与应用	2	32	秋	
学位课	农业推广典型案例分析	2	32	春	
学位课	农村社会发展专题	2	32	秋	
学位课	社会科学研究方法论	2	32	春	
学位课	政府管理创新专题	3	48	秋	
学位课	农业科技组织与服务专题	3	48	秋	
选修课	农业推广心理学	2	32	春	
选修课	农业法规	2	32	春	

续表 7-4

课程类别	课程名称	学分	学时	开课学期	备注
选修课	文献检索	1	16	春	
选修课	农业高新技术进展专题	2	32	春	
选修课	农村专业合作组织发展	2	32	春	
选修课	农村社会调查方法	2	32	春	
选修课	科技政策与管理	2	32	秋	
补修课	农业概论	2	32	秋	
补修课	管理学原理	2	32	秋	
培养环节及要求					
培养环节	要求		时间安排		
1. 思想政治教育	参加学校及学院思想政治教育各项活动		在学期间		
2. 学术交流与实践活动	同学校要求		在学期间		
3. 读书报告	同学校要求		开题论证前		
4. 开题论证	同学校要求		第二学期前		
5. 外国语水平	同学校要求		申请学位论文答辩前		
6. 申请学位论文答辩前发表学术论文要求	同学校规定				
7. 学位论文工作量	不少于 15 个月				

② 个人培养计划

导师、校外实践指导教师或导师组应根据培养方案的要求和因材施教的原则,从每个农业硕士研究生的实际情况出发,制订切实可行的研究生培养计划。研究生个人培养计划应在研究生入学后的一个月内制订完成。

③ 学位论文及学位授予

学位论文是研究生培养的重要环节,是培养研究生创新能力和职业能力的主要途径。研究生应在导师指导下独立完成学位论文,学位论文的完成时间原则上不得少于 15 个月。论文选题应直接来源于本领域的实际问题,具有明确的社会背景和应用价值。论文选题应有一定的技术难度、先进性和工作量,能体现作者综合运用基础理论、基础知识和科学方法解决农业领域实际问题的能力。论文类型可以是研究论文、农业领域项目设计、调研报告、案例分析等。

学位论文的评审应着重考查作者综合运用科学理论、方法和技术手段解决农业技术推广、农业和农村实际问题的能力;审查学位论文工作的技术难度和工作量。攻读农业推广硕士专业学位研究生必须完成培养方案中规定的所有环节,成绩合格,方可申请参加学位论文答辩。

通过课程考试取得规定学分,且通过学位论文答辩的研究生,可获得硕士研究生毕业证书;由学校学位评定委员会审核批准授予农业硕士专业学位。学位证书由国务院学位委员会统一印制。

2.3 特色项目及优势

(1) 发挥大学农业推广体系在人才培养中的作用

学校在产学研结合办学的过程中,在国内率先提出并积极探索以大学为依托的农业科技推广新模式,先后在西北地区主导产业中心地带建立了农业科技试验示范站 14 个、示范基地 59 个、专家大院 24 个,基地科教人员 800 余名,涉及学校大部分学科专业领域专家。这些农业推广试验示范基地,类型丰富,辐射面广,集引进、研究、试验、示范推广和学

第七章 农业硕士培养模式案例分析

生实习功能于一体,并与当地产业发展紧密联系。基地专家团队一般由跨多个学科的校科教人员组成,实行首席专家负责制。团队成员部分已具有研究生导师资格,专业理论和实践经验都比较丰富。基地在开展实践教学活动方面具有良好的基础。开展全日制专业学位研究生培养以前,部分基地已经成为学校本科实践教学和学术型研究生开展科研项目研究的重要场所。同时,基地的科研推广项目与当地产业结合紧密,使全日制专业学位硕士研究生的实践研究能够密切接触最新科研成果,并走在科技成果转化的第一线,实现科研选题内容与社会需求相结合、能力培养与创业就业相结合,在培养全日制专业学位研究生方面具有得天独厚的优势。

(2) 适应人才培养特点,构建"1+1+2"教学模式

在两年制的原则基础上,探索全日制专业学位硕士研究生培养"1+1+2"的分阶段教学模式,即1学期理论课程教学+1学期实践性课程教学+2学期实践研究。第一学期的理论课程教学主要完成公共课程和理论课程教学,使学生掌握基础理论和宽广的知识。第二学期的实践课程教学主要完成实践性强的专业技术课程教学。实践课程教学结合试验站或实践研究基地科研工作实际安排在生产、科研一线进行。在研究生接触和了解生产科研实际的过程中确定研究课题,并完成开题报告。第三、第四学期在试验站、实践研究基地或合作企业结合导师科研项目开展实践研究和毕业论文(设计)。在使研究生掌握扎实的理论基础知识和先进理念的同时,通过校内的科研人才及技术优势,让研究生学习到先进的实验技术和科研手段。在实验基地的实践实习中,

结合当地产业优势和生产情况,培养学生创新能力和适应能力,培养应用所学技术和科研手段解决实际问题的能力。在毕业实习阶段,通过参与科研项目或调查研究,形成实践报告或毕业论文(设计)。

(3)创新招生指标配置方式,建立双导师制,发挥农业推广体系的实践育人作用

优秀生源是提高人才培养质量的坚实基础。使基地导师招收到优秀研究生并使学生乐意到基地学习实践,是以大学农业推广基地为依托的全日制专业学位硕士培养模式成功的基础。我们首先改革了全日制专业学位硕士招生指标配置方式,把基地导师招生指标从学院学科总体招生指标中独立划分出来,单独配置,定向下达,避免了原来常出现的指标被挤占挪用的情况。根据独立配置的招生指标,基地团队导师根据科研推广的实际需要既可以单独招生培养,也可以联合招收培养。这种方式使得导师招生和学术型硕士研究生招生处于同一水平和同一时段,有利于吸引和招收优秀学生。同时,研究生入学后,实行双导师制,为每一名研究生选配科研导师和实践导师。科研导师为第一导师,实践导师为合作导师。科研导师是我校在基地工作的科研团队中具有硕士研究生导师资格的导师,以基础知识和基本素质的指导为主,对研究生培养过程的各个环节及培养质量负主要责任;实践导师是与学校基地的科研推广工作有紧密联系的公司、企业、协作机构中具有较强的专业技术能力的、具有高级技术职称的人员,他们配合第一导师完成研究生的培养指导,侧重于指导研究生技术创新能力的培养。

(4) 改革教学体系,推进实践型教学

探索实践型教育教学体系,在教学过程中培养学生探索实践和创造性解决问题的能力,是构建实践型高层次专门人才培养体系的重要环节。首先,学校根据全日制专业学位硕士培养目标的要求,制定了《西北农林科技大学全日制专业学位硕士研究生培养方案》,明确全日制专业学位硕士研究生的知识与能力结构内涵,调整全日制专业学位硕士研究生培养的课程体系,大力推进实践型教学。在"1+1+2"教学模式的基础上,通过优化课程体系,重新调整课程结构和学分比例,适当压缩理论课时,使实践教学时数与理论教学时数的比例达到1∶1。课程体系的整合既侧重传授专业综合知识,也兼顾学科的系统性和完整性。其次,通过加强课程讲授、课堂讨论、实践训练、职业素养培养、能力考核以及教材六个教学环节的改革,加速从单向研究型知识传授向关注实践创新应用能力教育的实践型教学转变。公共课程、理论课程为主的理论教学课堂以校内教学方式开展,实践教学与实践研究在基地以现场实践教学课堂等方式进行。对培养方案中的课程按学习内容划分为公共课程、理论课程和实践性课程。公共课程、理论课程教学在理论课堂完成。实践性较强的课程,由有一定理论水平、实践能力强的教师、基地专家组成的实践研究教学团队授课,安排在试验站或校内进行。实施"实践训练示范体系建设工程",在内容、方法与手段上进行改革,建立以培养专业素质和实践应用能力为主的课程和教学内容体系,加强实践和应用能力训练,培养学生实际解决问题能力。

2.4 启示

(1) 坚持产学研三者紧密结合,强化技术支撑

学校面向国家和区域主导产业发展需求,积极开展科技成果示范推广和产业化工作。在国内率先探索实践以大学为依托的农业科技推广新模式,在全国首批建设新农村发展研究院。与100多个地方政府或龙头企业建立科技合作关系,在区域主导产业中心地带建立农业科技试验示范站26个、示范基地(专家大院、示范园)40个,构建了大学农业科技成果进村入户的快捷通道,累计创造直接经济效益500多亿元。

学校坚持产学研紧密结合的总体目标,发挥学校特色和优势,围绕陕西及西北地区主导产业和优势产业,以项目为支撑,以基地为桥梁,以示范为引导,以培训为手段,搭建农业科技推广平台,创建农业科技推广新体系,强化学校为社会服务的功能,推动区域农业和农村发展。合校以来,先后建立了45个农村科技示范基地,37个农业科技专家大院,14个杨凌农业科技示范园,初步形成了以杨凌为中心,立足陕西、面向西北、服务全国的科技示范、服务网络。构建了农林科技"168"专家热线。与50多个地方政府和企业建立了长期的科技合作关系,承担各类推广项目376项,落实经费9 049.09万元,取得科技推广成果奖励37项。

(2) 坚持人才强校的发展战略,优化师资结构

为深入推动人才强校战略,学校高度重视人才队伍建设,制定了《全面加强人才队伍建设的意见》,遵循"学科导

向,高端引领,不拘一格,以用为本"的原则,以"学科急需、追求卓越"为根本出发点,以学科领军人才和青年后备人才为重点,按照大力引进优秀人才,积极培养现有人才,以高度的责任感持续深入推进人才队伍建设的总体思路,实施"两大工程""五大计划",即:高端人才工程和青年英才工程,围绕两大工程实施高端人才及团队引进计划、高端人才及团队支持计划、青年英才引进计划、青年英才培育计划及优秀青年教师海外提升计划。同时本着"不求所有,但求所用"的理念,聘请3位中国科学院院士和8位中国工程院院士为学校双聘院士,还聘请了一批国内外著名学者担任学校学术院长、讲座教授、兼职教授和客座教授。学校积极创造条件,鼓励青年教师出国留学,不断提高教师队伍的国际化水平,为实现创建世界一流农业大学奋斗目标提供智力支撑和人才保障。

(3) 坚持开放式办学,深化合作交流

学校坚持开放式办学,积极拓展国际科技教育合作与交流。先后与世界上154所著名大学或科研机构建立校际合作关系,其中14所大学全球排名前100名,年均1 000名国(境)外学者来校开展学术交流。现有"中美水土保持与环境保护研究中心""中加旱区农业科技创新中心"等10个国际科技合作平台。倡议发起成立的"丝绸之路农业教育科技创新联盟",吸引了沿线12个国家59所高校和科研机构加入其中。"十一五"以来,先后公派1 401名学生出国留学。学校具有接收中国政府奖学金来华留学生资格,现有在校外国留学生230人。

第三节 大连海洋大学农业硕士培养模式分析

3.1 发展历程与概况

(1) 大连海洋大学农业硕士概况

大连海洋大学,原名大连水产学院,是我国北方地区唯一的一所以海洋和水产学科为特色,农、工、理、管、文、法、经、艺等学科协调发展的多科性高等院校。学校现有6个学院具有农业硕士招生资格,分别为水产与生命学院、海洋科技与环境学院、食品科学与工程学院、机械与动力工程学院、信息工程学院与经济管理学院,其中,农业类别的硕士专业学位授权领域8个,分别为渔业专业、农业资源利用专业、食品加工与安全专业、农业机械化专业、设施农业专业、农业信息化专业、农村区域与发展专业、农业科技组织与服务专业。各专业领域师资力量完备,具有较强的教学科研实力,各农业硕士培养学院现有(2016年)专职教师150余人,其中教授60余人、副教授70余人,全日制农业硕士在校生240余人。

近年来,学校一直以建设"蓝色大学"为发展理念,为建设特色鲜明、国家一流研究应用型海洋大学而努力奋斗。

大连海洋大学全日制农业硕士自2010年开始招生,不断在实践中探索与学校特色相结合的教学方式,配备富有实践经验的优秀教师队伍,加强社会实践、案例教学等教学环节,注重培养全过程与社会实际、经济发展方向的密切结合,不断突出应用性与实践性相结合的农业硕士特征。至今大连海洋大学全日制农业硕士已招收了 7 届,培养了 550 余名农业专业硕士。

在农业硕士教育快速发展的同时,学校也清楚地认识到存在的问题。一是经验不足。与其他农林院校相比,学校的农业专业硕士的培养经验明显不足,只有七年的历程,要走的路还很多。二是质量有待于提高。七年间,学校的农业硕士招生人数呈上升趋势发展,由最初的两个专业学位授权领域扩展到现在的 8 个专业学位授权领域,在数量得到保障的前提下,质量也显得尤为重要。

(2) 大连海洋大学农业硕士发展历程

2002 年,学校获批农业硕士专业学位授予权。2010 年,开始招收第一批农村与区域发展专业的农业硕士与农业信息化专业的农业硕士。2012 年,在上一年已经招收的农业硕士的基础上继续新增了渔业专业、食品加工与安全专业、农业机械化专业、设施农业专业、农业科技组织与服务专业 5 个专业领域。2013 年,大连海洋大学全日制农业硕士的招生专业已拓展到 8 个专业领域。

3.2 培养模式分析

(1) 培养目标

大连海洋大学专业学位硕士研究生的招生简章显示,其目标旨在培养掌握海洋渔业或相关职业领域相关理论知识、具有较强解决实际问题的能力、能够承担专业技术或管理工作、具有良好职业素养的高层次应用型专门人才。在农业硕士的培养方案中,培养目标为面向辽宁省区域经济社会发展需求,以服务辽宁沿海经济带发展和辽宁老工业基地新一轮振兴发展需求为宗旨,结合学校"特色鲜明,国内一流,具有重要行业影响力高水平海洋大学"的奋斗目标,形成大连海洋大学涉水涉海特色突出的农业专业学位研究生人才培养体系,为辽宁新农村建设培养卓越海洋渔业人才。

（2）入学方式

大连海洋大学农业硕士研究生的基本学制为 2 年,弹性 2~4 年,综合近几年的大连海洋大学研究生招生简章,得出以下信息(如表 7-5 所示)。

表 7-5 大连海洋大学农业硕士研究生入学流程

	全日制农业硕士研究生
报考条件	国家承认学历的应届本科毕业生(录取当年的 9 月 1 日前须取得国家承认的本科毕业证书。含普通高校、成人高校、普通高校举办的成人高等学历教育应届本科毕业生,及自学考试和网络教育届时可毕业本科生) 具有国家承认的大学本科毕业学历的人员 获得国家承认的高职高专学历毕业后满 2 年(从毕业后到录取当年的 9 月 1 日,下同)或 2 年以上,达到与大学本科毕业生同等学力考生(复试时加试两门考试课程) 国家承认学历的本科结业生,按本科毕业生同等学力身份报考 已获硕士、博士学位的人员 在校研究生报考须在报名前征得所在培养单位同意
报名时间	网上报名时间:每年 10 月;现场确认时间:每年 11 月中上旬
初试时间及科目	所有报考者必须参加全国硕士研究生招生考试,初试时间一般在每年 12 月底,考试科目为思想政治理论、英语(二)、业务课一、业务课二

续表 7-5

全日制农业硕士研究生	
复试环节	参加复试的考生应符合进入复试的初试成绩基本要求 在复试阶段对考生学历证书、学生证等报名材料原件及考生资格进行审查 一般为每年3月 对以同等学力身份（以报名时填报的信息为准）报考的考生复试时加试两门本科主干课程
录取	根据考生初试、复试成绩、政审情况及体检结果，按照"德智体全面衡量，择优录取，保证质量，宁缺毋滥"的原则进行录取。具体规定可参阅学校每年于复试前公布的硕士研究生招生复试工作方案
新生入学	每年9月
学费及奖助学金待遇	学费 8 000 元/学年 入校后享受学校发放的 6 000 元/学年的助学金待遇（定向委培生除外）及相应的奖学金政策

（3）培养方式

农业专业学位硕士研究生的培养采用校内外双导师制，由研究生校内导师和校外实践指导教师共同指导。注重实践环节和职业能力的培养，培养研究生的职业素养和解决实际问题的能力。

① 课程设置

在课程设置方面，大连海洋大学的农业专业学位硕士研究生需要在一年级完成全部课程学习，二年级进入专业实践阶段。课程设置突出职业、实践能力培养，加强农业行业前沿、实践类课程建设，体现案例教学在农业专业学位研究生培养中的作用。

理论课 16 学时计 1 学分，实验类课程 24 学时计 1 学分，一门课程最高不超过 3 学分；课程学时原则上只用于课内教学环节（包括课堂教学、课堂讨论、实验、实习、上机等），如自学、调研、查阅资料、撰写报告等环节不计入课程学时。

每门课程由 2 名以上教师负责制定教学大纲、承担授课任务、完成课程考核。原则上，必修课（核心模块）均为考试课，采用笔试方式进行，可为闭卷考试或开卷考试；选修课程（拓展模块）为考查课，考核方式可采用课堂笔试、口试、课程报告（总结、综述等）、课程论文等形式；实践环节（保障模块）考核办法参见具体标准。平时成绩不得高于总成绩的 30%。

农业硕士研究生课程按模块方式进行设置，分为核心模块、拓展模块、实践模块和个性化模块，特色课程体系如表 7-6 所示。

表 7-6　专业学位硕士研究生课程体系

体系结构		课程与实践	学分
核心模块（必修）	公共学位课	1. 中国特色社会主义理论与实践研究 2. 外国语	5
	专业学位课	专业领域理论课 3~4 门	7
拓展模块（选修）	学术素养	1. 文献阅读与综述 2. 学术规范与论文写作	2
实践模块（必修）	职业能力	1. 创新创业课或竞赛（职场人生、学术交流、创新创业讲座、创业实践等） 2. 不少于 12 个月的上岗实习与职业能力实训	
个性化模块（选修）	任选课程	自然辩证法 马克思主义与社会科学方法论	≥1
		根据个人兴趣、发展方向、职业规划等，在导师指导下选修本学院或跨学院的研究生课程	≥8
	补修课程	跨一级学科或同等学力的硕士研究生，或在本门学科欠缺本科层次业务基础上的硕士研究生，应由导师指导下补修有关课程。补修课程和时间参照相近专业本科生培养方案	不计入总学分
备注		各领域应在上述规定的基础上满足相应专业学位类别的教指委要求	

核心模块为必修课，是农业硕士研究生获取学位所必修的基础理论和专门知识的课程，包括公共学位课和专业学位课，专业学位课按一级学科设置，体现学科专业的共性基础理论和方法，反映本学科发展的前沿状况，吸收最新科技成果，体现学校学科特色、工程伦理情怀。

拓展模块为选修课，指各学科领域或研究方向为加强专业知识、拓宽知识面而设置的课程，包括公共选修课和专业选修课。公共选修课由研究生学院负责制定，包括自然辩证法、马克思主义与社会科学方法论、第二外国语、国际学术交流导论等。专业选修课由各一级学科设置，包括学科方向课和专业任选课。学科方向课体现一级学科（专业类别）下学科方向（二级学科、领域）的研究内容，注重结合方向特色和学科发展，科学确定有关课程。农业专业学位研究生专业任选课包括行业发展前沿课、案例分析课程。

实验模块是为了保障和提高研究生的运用系统学科知识解决科研、实践问题的能力而设置的课程。农业专业学位研究生保障模块包含文献阅读与综述、前沿讲座、创新创业实践以及专业实践4个实践环节，计9学分。其中，文献阅读与综述（1学分），研究生在学位论文开题前，在导师、校外实践指导教师或导师组的指导下，根据研究的方向，紧密结合学位论文选题工作，阅读相关领域国内外前沿文献，按照综述论文的要求和格式，写出文献综述书面报告，并进行论文宣讲。各学科领域应在培养方案中列出研究生阅读文献的建议目录，各学院应对文献综述报告的范式、时间安排、考核方式等做出具体规定。文献综述书面报告应至少引用近期文献不少于 30 篇(包括不少于 10 篇外文文献)。指导教师或导师组按照优、良、中、及格及不及格五级制评定成绩综述报告,成绩达到及格及以上者可取得 1 学分。

前沿讲座(1 学分),研究生积极参加学校、学院和学科主办的学科前沿、行业前沿、职场人生、创新创业、蓝色海洋等讲座,开阔学术眼界、提高实践能力,加强海洋素质和创新创业素质及能力的养成。研究生在读期间应参加不少于 8 次(相当于 16 学时)前沿讲座,撰写正文不少于 3 000 字的前沿综述或心得体会,并就综述的主要内容进行一次综述报告。指导教师根据研究生参加前沿讲座情况、学习态度、表现、水平及效果等,按照优、良、中、及格及不及格五级制评定成绩,成绩达到及格及以上者可取得 1 学分。学科前沿应在第 2 学期完成。

创新创业实践(1 学分),为使研究生具备创新创业的思维与技能,掌握开展创业活动所需要的基本知识,具备必要的创业能力,使其树立科学的创业观,培养方案中设置共计 1 学分的创新创业实践。实践包括两个环节,第一个环节为参加不低于 2 场的创新创业讲座,可获得 0.2 学分;第二个环节可采用下列两种方式之一完成:一是以前五位完成人身份参加校级及以上创新创业大赛并获得三等奖以上奖励,二是在研究生学院创新创业培养基地的孵化企业中参加不低于两个月的创业实践,可获得 0.8 学分。指导教师根据研究生参加创新创业讲座、创新创业大赛情况、参加创新创业实践的态度、表现及效果等,按照优、良、中、及格及不及格五级制评定成绩,成绩达到及格及以上者可取得 1 学分。创新创业实践原则上应在第 4 学期前完成。

专业实践(6学分),农业专业学位研究生在校期间,必须保证不少于半年的实践教学,可采用集中实践与分段实践相结合的方式进行。应届本科考取的研究生,实践教学原则上不得少于1年。研究生须在第4学期3月底前完成本环节实践内容。

个性化模块体现因材施教,满足研究生个性化发展需求,鼓励研究生根据个人兴趣、发展方向、职业规划等选修跨专业、跨学科、跨学院的课程,原则上研究生阶段课程选修不设限制,研究生可选择全校研究生阶段任一课程作为选修课,并计入学分。同时,导师应根据研究生学业基础情况指导研究生补修本科相关基础课程,补修课程不计入学分。

② 个人培养计划

导师、校外实践指导教师或导师组应根据培养方案的要求和因材施教的原则,从每个农业硕士研究生的实际情况出发,制订切实可行的研究生培养计划。研究生个人培养计划应在研究生入学后的一个月内制订完成。

③ 学位论文及学位授予

学位论文是研究生培养的重要环节,是培养研究生创新能力和职业能力的主要途径。研究生应在导师指导下独立完成学位论文,学位论文的完成时间原则上不得少于1年。学位论文应能充分反映研究生已全面达到"培养目标"所规定的各项要求。农业专业学位研究生论文选题应紧密结合本行业、领域的应用课题和现实问题,研究内容要有明确的职业背景和行业应用价值,可将研究报告、规划设计、产品开发、案例分析、管理方案、发明专利等作为主要研究内容,以论文形式表现。

论文开题报告按照《大连海洋大学硕士学位论文开题工作实施细则》执行。农业专业学位研究生须在第 2 学期前完成论文开题。中期考核按照《大连海洋大学研究生中期考核办法》执行,中期考核未通过者,不能参加学位论文答辩。

农业专业学位研究生在校期间的学术水平要求达到《大连海洋大学专业学位授予工作实施细则》的有关要求,授予农业专业硕士学位。①

④ 质量评价

大连海洋大学农业硕士研究生的教育质量保证体系架构包括质量过程控制与管理体系、质量监控与评估体系、质量信息反馈与奖惩激励体系,基本框架如图 7-1、图 7-2、图 7-3 所示。

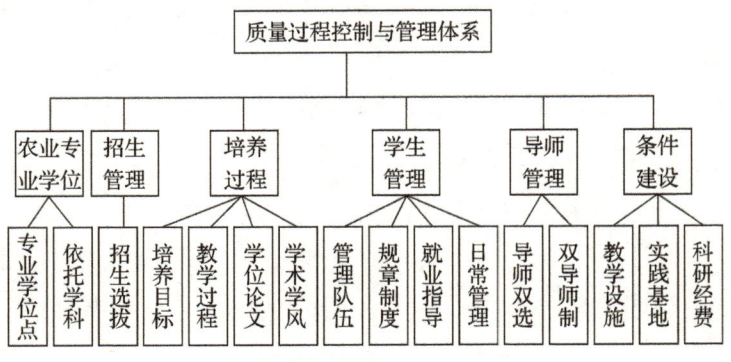

图 7-1 质量过程控制与管理体系

---

① 具体要求为:掌握本领域坚实的基础理论和系统的专门知识,具有从事科学研究工作或担负专门技术工作的基本能力以及相关的管理、人文和社会科学知识,具有较宽的知识面,掌握解决相关学科领域问题的先进技术方法和手段,具有解决实际问题的意识和能力。达到以上条件者,可授予农业专业学位硕士学位。

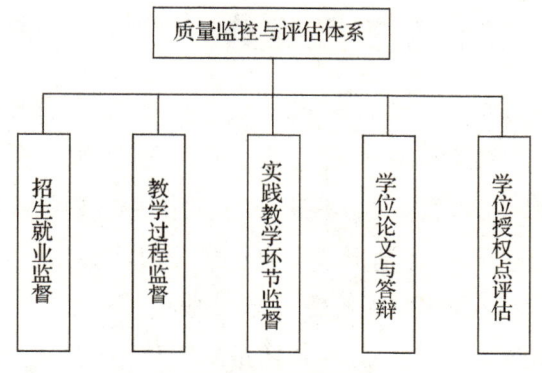

图 7-2　质量监控与评估体系

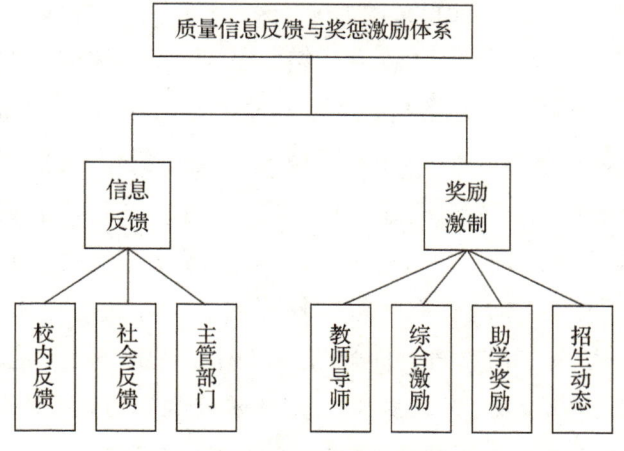

图 7-3　质量信息反馈与奖惩激励体系

三大体系深度融合，合力发挥效用，从提高管理工作的质量和激发主体能动性出发，全方位、有梯度地保障教学质量的有效生成与持续提高。

3.3 特色项目及优势

大连海洋大学全日制农业硕士自 2010 年开始招生,不断在实践中探索与学校特色相结合的教学方式。通过近几年的发展,大连海洋大学不断突出应用性与实践性相结合的农业硕士特征,并逐渐形成了自己的项目优势。

(1) 坚持创新引领发展的培养理念

大连海洋大学农业硕士培养虽然只走过了短短 7 年的时间,但却在一定程度上获得了长足发展。这在很大程度上得益于其注重创新和交流、勇于探索的特点。例如,在培养模式上,大连海洋大学致力于结合社会需求、学生自身特点以及各个学院的办学特色,逐年对培养方法进行创新性修改,从而更好地适应内外部环境和供需的变化。其次,在教学、课程设置上不断调整升级,通过结合人文特色和四大模块课程体系,为学生提供多元化和开阔化的选择。与此同时,采用能够体现研究生教学特点的教学方式与方法,促进学生研究性学习和自主性学习。提倡和鼓励开设方法论、探索性研究生课程,适当减少知识性课程的开设,课程设置中加强了实践环节的设置,适当减少了理论教学学时。

(2) 坚持实践能力导向的培养体系

为了适应国内外新的经济形势变化,应对当前农业领域新的改革与挑战,大连海洋大学从 2016 年起,各个学院推出了新的课程培养体系。农业硕士研究生课程按模块方式进行设置,分为核心模块、拓展模块、保障模块和个性化模块。

在四大模块课程体系理念的引领下,大连海洋大学的农业硕士课程已逐步形成了重视理念、责任感的塑造,强调以学生为中心的知识构建、提升行动力,培养具有创新精神、解决实际问题的能力等鲜明特色。此外,努力体现因材施教的原则,注重发挥研究生的个人才能和特长,突出研究生创新能力和综合素质的培养。

(3) 坚持开展丰富多彩的校园活动

为全面提升学生素养,学校展开了形式多样的校园活动,比如,素质拓展训练。大部分学生都认为在学习期间,入学导向课程给同学们的印象最为深刻,影响最为深远。研究生积极参加学校、学院和学科主办的学科前沿、行业前沿、职场人生、创新创业、蓝色海洋等讲座,开阔学术眼界、提高实践能力。在课堂之外,开展系列暑期社会实践等项目,倡导学生积极参与社会实践,积累人生阅历。同时,每年各个班集体之间都会开展缤纷多样的课余活动,如篮球和足球友谊赛、新年元旦晚会、俱乐部活动等。研究生通过积极参与这些活动增进彼此的友谊,分享不同职业背景的学生的工作生活经验,拓展各自的人脉关系。

3.4 启示

(1) 突出模式特色,优化课程设置

一是课程设计要体现基础性、实践性、选择性和先进性,培养学生的思维能力、观察问题分析问题以及解决问题的能力。二是课程设置特色化,形成多模块的农业硕士培养模式。三是加强创新与创业教育。四是培养院系与社会企业建立密切联系,根据社会环境以及企业实际调整课程设置,实现理论与实践相结合。

（2）加强师资建设，提高教学质量

首先，应改善师资结构，特别注重中青年教师的培养，吸引出国留学的杰出人才，增加具有农学博士学位的教师比重，引进企业和政府部门中既具有实际管理经验又有一定理论素养的专家来校全职或兼职任教。其次，加强与国内农业院校的交流与合作。最后，鼓励教师参与企业实践，以解决教师管理实践经验少的问题。

（3）加强国际交流与合作

开展短期交流及游学活动等形式多样的国际交流合作，以及与海外知名高校的双学位合作项目，为学生提供较好的沟通交流平台。在招生方面，也可吸引外国留学生，提高学生结构的国际化。

第八章

构建专业硕士培养模式的途径

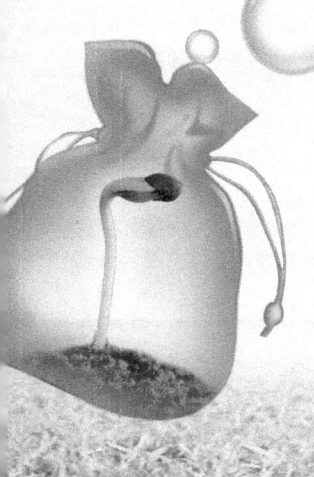

我国的研究生教育相对来说还很不成熟，目前的专业硕士培养模式还不能很好地适应我国社会经济发展的需要。因此，西方研究生教育的成功经验，比如注重教学和科研乃至生产的结合、加大研究生教育投资规模并且投资促使渠道多元化、重视对应用型研究生的培养等等，对我们都有着重要的借鉴意义，同时我们更应该注意我国的特殊国情，在学习别国成功经验的同时，一定要结合我国社会经济和高等教育的实际情况，探索出具有中国特色的专业硕士培养模式来。

第一节 逐步完善制度建设，不断深化思想认识

1.1 要转变政府职能，充分发挥专业学位教育指导委员会的作用，倡导高校自主办学

改变过去政府对高校管得过死的局面，建设服务型政府，简政放权，政府仅做宏观管理，扩大高校的办学自主权。在招生、人事、学科设置以及经费使用等方面将权力下放给高校，在质量监督方面由社会中介机构以及行业协会介入，形成政府、社会、高校三元的质量评价和监督体系。在扩大办学自主权的同时，政府还需要对高校的办学自主权进行规范和约束。一方面要加强高等教育方面的法制建设，在现有的《中华人民共和国高等教育法》《中华人民共和国学位条例》以及《中华人民共和国学位条例暂行实施办法》等法律法规的基础上，进一步完善我国高等教育的法律法规体系，依法治教。同时通过条例、文件的形式对我国专业学位教育的具体操作问题作出进一步的细化规定。另一方面由专业学位教育指导委员会定期组织对高校以及专业学位授权点进

行评估，并鼓励社会力量多方参与评估，同时制定能够反映专业学位特点的评估标准。

1.2 在大学内部进行管理体制的改革，推进高校行政管理与学术管理的适当分离

目前，我国高校实行的是党委领导下的校长负责制，由学校党委把握高校的政治方向并且实施对各项政策的监督职能，但在行政管理与学术管理之间，出现了行政权力过大而学术权力不足的局面。这样的结果是容易导致官本位或者学术霸权的形成，影响资源的优化配置，最终不利于学科的发展与人才的培养。对于专业学位教育来说，由于与社会发展的结合更加紧密，因此也在课程、教学和师资等方面具有更大的灵活性与前沿性，随时要根据市场的变化与时代的发展做出调整。这样的教育形式更加不适应完全自上而下的行政管理形式。因此，有必要结合我国的现实情况对行政权力与学术权力作出适当分离，让一线的教师和专家对专业学位教育的模式问题有更大的话语权和决定权。这对于我国研究生教育的发展意义重大。

1.3 提高专业学位教育比重

我国的研究生教育在学位类型上的区别不是十分的明显，对学术学位和专业学位的差别没有清晰的界定，以至于在培养模式上也采用的是相同的标准。这样造成专业学位

的培养偏离了培养目标,与学术学位的混为一谈。专业学位注重的是实践,学术学位注重的是学术,而结果导致学术学位和专业学位的学生在培养规格上没有呈现出差异性。在我国人们对这两种学位的认识不清楚,由于在培养上没有对它们进行严格的区分,所以大多数人对学术学位和专业学位的区别及社会功能的定位认识不清晰。这样不仅不利于专业学位硕士研究生的培养,甚至在学生选择专业和发展方向的时候还会起到误导的作用。美国的研究生教育在学位的类型上作了明显的区分,使学术学位和专业学位既区别又联系,使两者互为支撑地发展。我国的专业学位硕士研究生教育在整个研究生教育中所占的比例不大,没有形成与学术学位均衡发展的局面,在以后的发展趋势中,我们应加大对专业学位硕士研究生教育的投入,把专业学位的发展当成我们目前的主要任务,使专业学位与学术学位处于平衡发展的状态。因此,我们必须澄清认识和转变观念,转变重学术轻实践的传统思想,大力提高专业学位硕士研究生教育的比重,努力为发展专业学位硕士研究生营造合适的氛围。

第二节　改革和创新，不断完善学位体系

德国是世界开始研究生教育最早的国家，但却不是高等教育最强的国家，高等教育最强的国家是美国。美国之所以能成为世界公认的高等教育强国，与其完善的学位体系是密不可分的。美国高等教育现行的学位就有 5 种，包括副学士、学士、硕士、博士和特殊职业学位，根据美国市场对人才的需求及社会经济结构的变化，每种学位又采取多种形式来适应这些变化。目前，我国虽然也形成了学术学位和专业学位的体系，但是，学位类型结构、层次结构不尽合理，还不能很好地满足社会对各种人才变化的需求，尤其是专业学位人才培养规模过小，种类覆盖面过窄，我国专业学位主要集中于硕士研究生阶段，外部适应性弱。因此，要想适应社会对高层次人才需求的多样化，就必须不断地完善学位体系。

第三节　培养目标立足本国国情,面向市场和世界

硕士研究生阶段到底是以培养科研人才为主还是以培养应用型人才为主、培养什么类型的人才、比例如何确定,回答这些问题需要立足本国国情、立足社会需要、立足人才培养规律。以德国为例,在 19 世纪初,科学研究的思想引领着德国整个高等教育的发展方向,先后被日本和美国所模仿。但之后,日本和美国由于受经济发展对人才变化需求的影响,立足本国社会发展的要求,开始培养各类应用型人才,极大地促进了生产力的发展。德国第二次工业革命后对人才培养类型的转变更能体现立足社会发展的重要性。我国硕士研究生培养目标也正是如此,立足社会发展的需要,走出原来单一的学术型研究生教育培养模式,大力发展专业型研究生教育,培养了大批解决社会和经济现实问题的高层次人才。在研究型大学发展这个新的大背景下,如何调整二者之间的比例,更好地适应社会经济发展的需求,仍然是个需要进一步解决的难题。

3.1　面向市场,把握行业的需求信息

专业学位研究生教育培养的是高层次应用型的人才,这些人才不是为了进行高深学术研究而准备的,而是要面向社会、

面向市场,成为行业需要的专业人才。然而,当今世界已进入一个飞速发展的阶段,市场信息瞬息万变,而人的培养总是需要一定的过程,不可能一蹴而就。如何调整好学科专业以及课程的设置,使培养工作能够走在市场的面前,使得毕业的专业学位研究生能够恰好适应当时市场的需要,就成了摆在我国专业学位教育工作者面前的一个巨大的挑战。而市场信息的收集与预测,就成为一个关键的问题。我国幅员辽阔,每个地区的发展程度各不相同,所发展的产业也各有特色,使得人才需求的市场信息对于每一个地区、每一所高校来说都不相同。因此,信息的收集工作更应该重心下移,因地制宜,因时制宜。

3.2 面向世界,把握国际学位与研究生教育发展动态

具有现代意义的中国研究生教育,是近现代西方高等教育与中国传统教育相互影响、相互融合的产物。长期以来,我国研究生教育以学术型学位教育为主,1990年才开始设置第一个专业学位。相比于西方国家,我国专业学位教育起步迟、经验少,在培养模式上有许多不够完善的地方,管理体制上还需要进一步理顺。而西方国家,尤其是美、英等发达国家的专业学位培养模式已经发展得比较成熟。且由于发达国家的社会经济发展程度更高,它们今日遇到的问题,可能就是我们国家在一段时间以后将要面对的问题。因此,学习美、英等国家专业学位教育办学过程中的经验和教训,是发展我国专业学位教育,让各项工作少走弯路的捷径。

第四节　明确专业学位培养目标

专业学位硕士研究生的多元化培养方式适应美国社会经济发展的需求,明确的职业导向培养目标更是推动了专业学位的发展。根据社会经济发展需要,专业学位硕士研究生教育面向特定职业领域培养从事实际工作的应用型高层次专门人才,因此专业学位硕士研究生教育具有明显的社会取向。然而,在实践中人们由于受到学术本位观念的影响,常常有意无意地按照学术的思维逻辑来指导专业学位硕士研究生教育活动的开展,以致一些学校在制定专业学位硕士研究生培养方案时,很明确地提出专业学位硕士研究生教育的目标是培养复合型人或高级应用型人才,可在具体培养方案的落实时,培养目标就变得很不清晰了,有的甚至就直接采用学术学位硕士研究生的培养目标"降格"来培养专业学位硕士研究生。在我国,专业学位的培养单位所采用的培养模式比较单一化,采用的是分级断层的培养目标,没有建立各自有特色的培养方案。然而现行的这种分级断层的培养目标在实行的过程中也存在着一些问题,因为没有将在职的专业学位和全日制的专业学位区分开来。对这两类专业学位实行一样的培养目标和培养模式显然是不可取的。因为在职的专业学位在学习时间上要有灵活性,学习年限也要具有弹性;而全日制的专业学位要紧密地与职业发展衔接起来。

所以对不同类型的专业学位要实行不同的培养目标,不能笼统而行。另外我国的专业学位硕士研究生的发展规模不大,专业学位的比例与学术学位的比例尚不合理。因此基于我国在发展中遇到的这些问题,应该明确专业学位硕士研究生的培养目标,扩大专业学位的招生人数,增加专业学位的学科种类。

第五节 优化课程体系,形成多样化的培养模式

5.1 优化课程教学体系

在课程结构上,应加大选修课的比重,同时增加选修课的数量和种类,给专业学位硕士研究生提供更大的选择空间,更多的选择自由,以此来提升课程的多样性,促进学生个性化培养,使学生真正能够根据自身职业发展需要选择合适的课程,体现专业学位以职业为导向的多样化培养方式,培养具有个性的专业应用型人才。在教学方式上,要落实培养方案中强调的案例教学、现场教学等方法,突破以传授为主的传统教学模式,加强案例教学、探究性教学、团队学习、模拟训练等教学方式,激发学生的学习兴趣,培养学生研究实践问题的能力,促进专业学位硕士研究生理论与实践融合转化的能力。在教学内容上,应强调理论型与应用型课程的有机结合,着重突出专业实践类课程,在教学过中增加实践案例的研讨。在案例教学中要采用最新的案例,研讨内容需紧跟社会的发展,反映实际工作情况,使专业学位硕士研究生的培养紧跟社会现实的需求。

5.2 科学设置课程内容及教学方法

专业学位硕士研究生培养的主要途径还是通过课程学习的形式。我国在专业学位硕士研究生教育的课程设置上存在一些问题,归纳起来主要是缺乏多样性和灵活性。按照专业学位培养目标,其课程应充分体现实用性,应该以跨学科课程和实践课程为主要课程,并且通过合理的课程体系设计来培养特定职业领域所需要的高层次实用型人才。但是,由于受学术本位价值观的影响,专业学位研究生教育课程的实用性在实际实行中却无形被弱化了,整个课程体系还是以理论性课程居多,实践指导和跨学科类型课程严重不足,导致专业学位研究生教育的实践特色淡化了,课程设置学术化的倾向较为严重。甚至有一些专业的课程设置长时间没有更新,课程的内容已经过时,并且严重缺乏实践课程的设置。在专业学位硕士研究生的课程设置上应遵循一个原则:数量要少但是必须精练。具体说来,就是以职业的需求为导向,以提高实践知识和能力为核心。课程的内容必须把理论和实践结合起来,最好采用案例分析的方法。专业学位硕士研究生的教学方法要重视多种方法的结合,注重培养学生的实践能力。现在逐渐形成的双导师制就是依据专业学位硕士研究生的特点而建立的,双导师制就是校内和校外的导师联合来指导学生,校内导师侧重理论知识的指导,而校外导师则是侧重实践过程的指导。为了充分发挥高校与企业及社会部门的优势,高校或培养单位应该联合企业共同培养,采用联合培养为主的方式培养专业学位硕士研究生。高校或培养单位与企事业单位联合培养专业学位研究生，不但能充分体现高校的教学和科研优势，还能够运用企事业单位的优势条件，如借用它们的先进设备，合理运用经费资助等。这样能够避免高校单独培养专业学位硕士研究生所带来的问题，最为严重的问题就是学生普遍的重理论轻实践。联合培养可以有效地将理论和实践学习结合在一起，又能避免企事业单位单独培养重实践轻理论的问题，而且还有利于将最新科学理论快速地指导、服务于生产实际。

5.3 加快我国学位与研究生教育信息库、数据库、资料库以及教学案例的建设

按照国际的情况来看，许多发达国家都设有教育统计方面的专门机构，如美国国家教育统计中心、英国高等教育统计局等定期通过网站向外界发布本国的教育统计信息。这些信息在政府决策以及学者研究方面发挥了巨大的作用。近年来，我国教育部网站上也有相关教育统计信息发布，但与英美国家相比，数据的总量以及分类的细致程度都还不够，与专业学位教育相关的统计数据更是很难找到。因此需要加强这些信息库、数据库的建设，尤其是要加强省级以及培养单位的统计信息收集与发布。另外，针对大多数专业学位培养过程中出现的教学案例陈旧、数量上不足的状况，需要加强案例库的建设和更新工作。

第六节 完善"双导师"制度，加强师资队伍建设

6.1 落实完善"双导师制"，构建适应专业学位硕士研究生教育的师资队伍

首先要促进校内外的合作联系，通过校内外合作落实和完善"双导师制"。一方面，针对目前专业学位硕士研究生师资队伍大多由学术型教师兼任的现状，高校需要加强对现有专业学位硕士研究生指导教师实践能力的培养，外聘相关领域的专业人员为教师提供相关的讲座、培训，帮助教师掌握实践领域的前沿发展，为教师提供最新的案例，提高他们的理论联系实际的教学能力。此外，可与相关领域的单位建立长期合作关系，鼓励教师前往各单位挂职锻炼，通过切身的实践提高专业学位硕士研究生教师的专业实践能力，使其成为兼学术水平、实践能力和丰富工作经验于一身的高素质教师。通过外聘专业培训人员和出外挂职锻炼推动专业学位硕士研究生教师逐渐实现从学术型教师向专业学位教师的转变。另一方面，对于自身事务繁忙的校外指导教师，我们需要采取一些措施保证其对于专业学位硕士研究生教学指

导的有效参与,另外需要加强其理论基础及教学指导能力,可通过集中培训的方式帮助其掌握教学指导经验,也可通过校内外导师一对一结对子的方式,互相帮助,互相提高。其次,要注重跨学科、跨院系的合作,充分利用各领域的人力资源,构建跨学科、跨领域的培养平台。如某高校商学院考虑到其拥有经济与管理两大学科并重的优势,在高级管理人员工商管理硕士的教学中采取课程主任负责制,即每门课程设定一位课程主任,由课程主任牵头,外聘若干名国内外知名教授,共同完成本课程的教学任务。总之,要加强高校与公司等事务部门的联系,并构建跨学科、跨领域的培养平台,发挥校内外集体培养的优越性。

6.2 促进专业学位研究硕士生培养模式的各个要素协调发展

针对师资队伍普遍缺乏实践经验的情况,一方面鼓励聘用行业部门的专家作为兼职或者专职教师,实行"双导师"制;另一方面对现有教师进行培训,使之到行业中进行挂职锻炼。针对课程内容陈旧、课程设置不能满足培养职业型人才需要的问题,要重视专业学位教育专用教材的编写工作,采用模块式课程体系,体现课程设置的实用性、灵活性和前沿性。针对教学方式单一、教学手段落后的问题,要加大案例教学、现场教学、启发式教学的比例,加强案例库的建设,同时可采用多媒体教学、远程教学的方式。针对部分院校在专业学位教育的办学过程中仅仅依靠某一个原有学科办学,而忽视了专业学位教育的交叉学科特点的问题,需要各院校统筹考虑,理顺体制,加大各学院各系的合作力度,促进各方人才整合。针对质量评价标准单一、行业话语权缺失的问题,要加快社会评价体系的建设,使行业协会在专业学位教育的过程与评价中都发挥更大的作用,同时建立科学合理的评估体系与机制。针对投入不足的问题,一方面倡导多元投资合作办学和教育成本分担制度,以政府投入为主,多渠道筹措经费,对于全日制、非全日制以及不同专业的专业学位研究生实行差别收费;另一方面加强对于经费的管理以及经费使用的审计工作,并落实到"拨款咨询委员会"以及"总会计师职务"这样的制度上来。另外,还需要营造创新求实的校园文化环境、竞争合作的学习氛围,加强师德教育以及学风建设。

第七节 建立健全专业学位研究生教育质量评价与保障体系

7.1 完善专业学位教育质量评估体系

评估本身就是一种信息反馈的机制。专业学位研究生培养工作需要建立自我评估、同行评估与社会中介机构评估相结合、政府对评估工作"再评估"的专业学位教育质量保障体系。通过一系列的评估工作找到专业学位研究生培养工作中的问题、难点与重点,然后通过对这些问题的解决不断推动我国专业学位研究生培养工作向前进。同时还要建立专业学位教育质量评估信息的跟踪制度与定期公开制度,使得评估工作由"突击式"转为"常态化",由"内部化"转向"公开化"。

7.2 加强和完善社会评估监督

随着高等教育的发展进入大众化的阶段,研究生教育的发展不仅仅只是学术活动的开展了。由于国际之间的竞争日趋激烈,人才已经成为国际竞争力的焦点,所以为了提升综合国力和提高国际竞争力,世界各国开始更加关注研究生教育。在大力发展研究生教育的同时,研究生教育的质量问题成了核心问题,并且引起了普遍的关注。质量严重影响着专业学位硕士研究生的发展。在这一时期,为了提高专业学位教育的质量,完善教育管理,政府、学校和社会加大了社会评估力量的监督。各个领域对学校的评估结果可以为学生提供参考信息,以帮助他们选择合适的学校,选择适合的专业。同时也可以帮助高校完善自身的建设,根据各领域的评估结果,高校采取措施和接受建议对学校的不足之处进行改革。而用人单位则可以依据社会评估机构对专业学位硕士研究生的评估结果选择人才。目前我国所使用的评估体系中,还没有一套广为接受、统一有效的评估体系。造成这种结果的原因有很多:其一,是因为我国的教学评估主要是以学校内部的评估为主,进行评估的主体就是教学单位自己,所进行的评估有失客观与公正;其二,我国的社会中介评估机构发展的不成熟,才刚刚起步,并且数量不多,没有形成规模,难以起到监督的作用;其三,我国高校对于专业学位硕士研究生的毕业生没有实行一套反馈机制,难以了解毕业生的发展状况以及社会对毕业生的满意度。所以,为了推动专业学位研究生教育的良性发展,政府、学校和社会中介力量之间需要建立起沟通和互动,并且应加强社会中介评估机构的建设。政府应该建立保障性的机制,促使社会中介评估机构发挥出积极的作用。另外我国应建立一套完善、系统的毕业生跟踪及反馈机制,对毕业生的发展情况进行了解,对市场的满意度进行调查,依据这些有效的信息及时地调整培养方案,从而保证社会对专业学位硕士研究培养的需求,以确保教育质量。

第八节 拓展入学形式和渠道，创新教学方法

8.1 千方百计地吸引更多、更好的生源是研究型农业大学快速、健康发展的基本保证

生源是任何学校发展的血液，尤其是研究型大学，生源的数量和质量直接关系到硕士研究生的规模和质量。在这方面，日本政府为吸引优质人才采取了一系列的优惠政策和宽裕的措施，可以成为我国学习的榜样。同时，如何更好地挖掘所有学生的科研潜力、创造潜力，加强综合素质的培养，需要不断地改革和完善教学方法。我国研究型农业大学硕士研究生培养模式创新在研究生培养方面经验还不足，虽然也有课程教学和实践环节，也有导师的指导，但是硕士研究生培养质量不高，缺乏创新能力和实践能力。在这方面美国、德国、日本都有值得我们借鉴和学习的地方。

8.2 通过建立校内外教学实践基地,来确保专业实践教学活动开展的条件和质量

专业学位硕士研究生培养过程中的一个至关重要的环节就是开展有充分时间和质量保证的专业实践教学活动。一方面学校可利用自身学科优势,依托省部级重点实验室、工程项目研究中心等各类科研平台,并结合导师与校外企业的合作项目,在校内建立实践教学基地,为校内教学中的实践创造有利的条件。另一方面,学校或学院应联系与本专业学位相关的单位,在校外合作建立专业学位硕士研究生实践教学基地,由学校与企业共同参与专业学位硕士研究生培养,通过教学实践基地将校内外专家、导师聚集起来,促进交流。此外,目前专业学位硕士研究生第一年学习理论知识、第二年参与社会实践的培养体制,也可做一些相关的调整,将理论知识与社会实践有效地融合协调,而不拘泥于这样明确的分段式教学,建立校内外教学实践基地可以为两者的融合提供一个很好的平台。

第九节　提倡人才联合培养，共享社会资源

　　我国研究型农业大学任务艰巨，担负着中国农业经济发展、高层次人才培养及国家农业创新体系建设等多项重任。然而，我国研究型农业大学科基础设施落后、人力资源不足等不利条件制约着硕士研究生教育的发展。为了打破这个僵局，就不能把眼光只局限于农业教育资源本身，而应该发掘农业教育资源以外的资源，例如其他非农业院校的资源、企业资源、科研院所的资源等。总之，要调动社会可以调动的一切资源，实现资源共享和联合培养。如美国"协作式"及日本"产官学一体化"的研究生培养模式就是联合培养的典范，且这样的培养模式迎合了经济社会的发展及市场对人才的多样化需求。我国也提出了"产学研"相结合的人才培养模式，但是，纵观我国研究型农业大学硕士研究生培养实践，"产学研"的人才培养模式在深度和广度上执行力度都不足，缺乏有效的计划、指挥、领导和控制，缺乏相关法律文件或实施细则等的保障。要很好地解决这些问题，关键要共享资源。因此，需要国家出面，制定相关的法律作为保障，其他利益主体协调、协商，争取达到"互惠互利，多方多赢"的局面，最终实现资源共享、联合培养人才的好局面。

第十节 创新管理模式,树立开放、互动、和谐的管理理念

美国对不同类型硕士研究生培养采取不同的管理方式,如学术型硕士研究生主要放在研究生院来培养,采取"指导委员会"的方式来管理研究生,而特殊职业教育则采取"双导师"管理,即学校和企业共同参与硕士研究生的管理。德国的硕士研究生则主要采取"师徒式"的管理。日本在借鉴美国硕士研究生管理模式的基础上,政府也从侧面参与了硕士研究生的管理。从以上三个国家对硕士研究生管理实践可以看出,它们共同的管理趋势向着越来越开放、越来越灵活的方向发展。我国对学术型硕士研究生的管理虽然时间较长,但其管理模式都是静态的、滞后的、僵化的,适应性差,缺乏灵活性和创造性。我国对专业学位硕士研究生培养模式的管理经验还很缺乏。因此,在借鉴国外硕士研究生管理的基础上,创新硕士研究生管理模式,树立开放、互动、和谐的管理理念,形成具有中国特色的硕士研究生管理模式是非常必要的,也必须如此。

第十一节　创建良好的学术环境，提升硕士研究生的创新能力

研究生教育核心价值理念就是创新，尤其是研究型大学的建设更是如此。创新能力的培养需要良好的学术环境，如美国把大学看成是"科学之家"，大力创建具有创新精神的良好氛围，采取的措施有：重视科学研究前期的理论知识学习，实施跨学科研究和学习，鼓励学生多参加学术活动及校外兼职，实行校企联合培养研究生等。德国研究生创新价值观更是被世界所推崇，"学术自由""科研与教学相统一"的思想影响了世界各国的研究生教育。德国不仅对研究生高标准、严要求，对导师的要求也更是如此，在"产学研一体化"的办学模式下形成了系统的创新动力机制。日本把研究生创新的地位提升到了立国的国策上，日本的政府非常重视研究生创新能力的培养，"官产学"的培养模式促使了研究生创新动力机制的建设，教授在整个创新培养环节中扮演了极其重要的角色。我国研究型农业大学的建设亟待需要创建良好的学术环境，国外的创新动力机制都有值得我国借鉴的地方。

11.1　形成科学合理的竞争激励机制

要形成科学合理的竞争激励机制，改变过去"终身制"、平均主义、论资排辈和"只能上不能下"的用人制度。一个科

学合理的竞争激励机制应该包括以下几点：首先，要以资源的再分配为手段，将经费的下拨与培养单位的绩效指标以及资源利用效率挂钩；其次，要以科学的评价机制为基础，评价具有导向功能，奖惩手段都要建立在科学的评价结果之上，否则会将各项工作引入歧途；再次，要以合作协同的理念为保障，任何竞争都离不开协同合作，只强调竞争而忽视协同合作会导致各自为政而最终损害整体利益，陷入恶性竞争的局面。最后，要以整体发展为目标，竞争是手段而不是目的，任何竞争行为都要在相应机制的约束下进行，不能有损于整体的发展目标。

11.2　形成有效的合作交流机制

要形成有效的合作交流机制，将专业学位研究生的培养工作与企业技术创新相结合，与地方的经济发展相结合，与社会发展相结合。推进国际合作，积极促进与国外高水平大学和教育评价机构的合作，包括教学内容上的合作、科学研究上的合作、师资队伍的合作、人才培养的合作以及质量评价上的合作。推进国内大学之间的合作，促成大学之间优势互补，互相学习。推进同一所大学内不同院系之间合作培养专业学位研究生，促进院系之间在人才培养方面的优势互补。推动科研团队之间的交流与合作。推动校企合作，促进科研成果转化，与行业合作培养应用型研究生。

参 考 文 献

[1] 别敦荣,万卫.论我国专业学位研究生教育人才培养模式改革[J].研究生教育研究,2011(4).

[2] 别敦荣,赵映川,闫建璋.专业学位概念释义及其定位[J].高等教育研究,2009(6).

[3] 别敦荣,陶学文.我国专业学位研究生教育质量保障体系的反思与创新[J].学位与研究生教育,2009(3).

[4] 曹健.研究生培养模式论[M].镇江:江苏大学出版社,2011.

[5] 茶世俊.研究生教育制度渐进变迁[M].北京:北京大学出版社,2010.

[6] 陈静.我国专业学位研究生教育发展问题研究[D].重庆:西南大学博士学位论文,2013.

[7] 陈聚伟,张俊.研究型大学背景下的研究生互动管理模式探析[J].当代教育论坛,2009(11).

[8] 陈聚伟.研究型农业大学硕士研究生培养模式创新研究[D].武汉:华中农业大学硕士学位论文,2011.

[9] 陈庆华,沈跃进.美国研究生教育的历史研究(上中下)[J].学位与研究生教育,1993(1,2,3).

[10] 陈少雄,王静一,尹柳银.美、英、德、日四国研究生教育特色研究[J].佛山科学技术学院学报(社会科学版),2004(5).

[11] 陈云萍,杨晓明.德国、美国与日本研究生培养模式分析[J].中国冶金教育,2006(5).

[12] 程斯辉.评周洪宇主编的《学位与研究生教育史》[J].高教发展与评估,2005(5).

[13] 戴开军,赵廷安.全日制专业学位硕士研究生培养模式探讨——以西北农林科技大学为例[J].继续教育研究,2013(3).

[14] 戴雪飞,贺梅英.全日制农业推广硕士专业学位研究生就业困境与出路[J].继续教育研究,2009(12).

[15] 邓光平.国外专业博士学位的历史发展及启示[J].比较教育研究,2004(10).

[16] 邓光平.美国行业组织与第一级专业学位研究生教育的质量保障——以 ABA 在 J. D. 学位计划中的作用为例[J].高等教育研究,2010(7).

[17] 邓光平.我国专业学位设置的政策分析[M].武汉:湖北人民出版社,2014.

[18] 高晓杰,刘宪军.马克思关于人的全面发展的学说对我国当代高等教育的启示[J].辽宁师专学报(社会科学版),2004(1).

[19] 顾卫兵.日本的农业大学教育及启示[J].世界农业,2008(8).

[20] 郭青青.中英研究生培养模式对比研究[D].武汉:中南民族大学硕士论文,2010.

[21] 亨利·罗索夫斯基.美国校园文化——学生·教授·管理[M].济南:山东人民出版社,1996.

[22] 胡玲琳.我国高校研究生培养模式研究——从单一走向双元模式[D].上海:华东师范大学博士学位论文,2004.

[23] 黄宝印.我国专业学位研究生教育发展的回顾与思考[J].学位与研究生教育,2007(6).

[24] 黄宝印.我国专业学位研究生教育发展的新时代[J].学位与研究生教育,2010(10).

[25] 黄锐.以实践能力为核心的专业硕士培养模式探究[J].教育研究,2014(11).

[26] 黄羽.我国高校硕士专业学位研究生实践教学问题研究[D].武汉:中南民族大学,2012.

[27] 贾改平.中韩研究生培养模式对比研究[D].上海:上海师范大学硕士学位论文,2007.

[28] 李春荣,任丽芝,李颖.美国专业硕士研究生教育的发展特点及启示[J].中国冶金教育,2007(6).

[29] 李盛兵.研究生教育模式嬗变[M].北京:教育科学出版社,1997.

[30] 李智.我国全日制工程硕士的培养模式研究[D].广州:华南理工大学硕士学位,2010.

[31] 廖文婕.我国专业学位研究生培养模式的系统结构研究[M].厦门:厦门大学出版社,2013.

[32] 刘冰.英国大学研究生教育的研究[D].大连:辽宁师范大学硕士学位论文,2010.

[33] 刘国瑜.论专业学位研究生教育的基本特征及其体现[J].中国高教研究,2005(11).

[34] 刘思炜,樊杰.我国专业学位研究生教育创新人才培养模式研究[M].沈阳:东北大学出版社,2012.

[35] 刘文曦.美国教育硕士研究生教育比例研究[D].广州:华南理工大学硕士学位论文,2011.

[36] 苗东升.系统科学大学讲稿[M].北京:中国人民大学出版社,2007.

[37] 秦惠民.学位与研究生教育大辞典[M].北京:北京理工大学出版社,1994.

[38] 石中英.论专业学位教育的专业性[J].学位与研究生教育,2007(1).

[39] 史雯婷.专业学位研究生教育的基本属性探讨[J].学位与研究生教育,2004(10).

[40] 宋伟伟.全日制专业学位硕士研究生培养模式的研究[D].湖南农业大学硕士学位论文,2012.

[41] 宋雪娇.基于项目管理的硕士研究生培养模式研究[D].秦皇岛:燕山大学硕士学位论文,2012.

[42] 孙永兴.教育硕士专业学位质量保障研究[D].广州:华南师范大学硕士论文,2004.

[43] 陶学文.我国专业学位研究生培养模式及其创新研究[D].武汉:华中科技大学博士学位论文,2011.

[44] 田莉.美国专业学位的发展历程及其启示[J].中国研究生,2007(8).

[45] 田学真,张俊.美国专业学位研究生培养模式及其启示[J].研究生教育研究,2012(3).

[46] 田学真.全日制专业学位硕士研究生培养创新研究[D].武汉:华中农业大学硕士学位论文,2013.

[47] 万明.我国研究生教育体制改革研究[D].合肥:中国科学技术大学博士学位论文,2013.

[48] 汪辉.日本专业学位教育与职业资格匹配的特点与问题[J].比较教育研究,2011(6).

[49] 王桂荣,赵敏.管理类全日制专业硕士学位研究生培养中的问题与对策研究[J].石油教育,2012(3).

[50] 王姝珺.基于产学研联合培养的专业硕士育人机制研究——以广西大学为例[D].南宁:广西大学硕士学位论文,2014.

[51] 王颖.美国研究生教育的淘汰机制及启示——以哈佛大学、麻省理工学院为例[J].当代教育科学,2009(9).

[52] 我国专业学位基本情况[EB/OL].中国学位与研究生教育信息网.http://www.cdgdc.deu.cn/xwyyjsjxx/gjjl/szfa/267338.shtml,2013-5-27.

[53] 吴小林,陈勉,宁正福,等.创新理念机制 全面提高专业学位研究生教育质量[J].中国高等教育,2013(21).

[54] 吴镇柔,陆叔云,汪太辅.中华人民共和国研究生教育和学位制度史[M].北京:北京理工大学出版社,2001.

[55] 许长青.专业学位硕士研究生教育质量发展评估报告:以华南地区研究型大学为例[J].现代大学教育,2012(3).

[56] 薛天翔.中国学位与研究生教育的历史、现状和发展趋势[J].国家教育行政学院学报,2005(9).

[57] 闫建璋.专业学位的功能探析[J].黑龙江高教研究,2010(3).

[58] 晏云.美国专业学位硕士研究生培养模式分析[D].武汉:华中师范大学硕士学位论文,2013.

[59] 杨宁.我国全日制专业学位硕士研究生培养模式研究[D].大连:大连理工大学硕士学位论文,2010.

[60] 叶茂林,肖念.中国高等教育热点问题述评[M].北京:科学出版社,2007.

[61] 于超.全日制专业学位硕士研究生培养改革研究[D].南宁:广西师范学院硕士学位论文,2011.

[62] 翟亚军,王战军.我国专业学位教育主要问题辨识[J].学位与研究生教育,2006(5).

[63] 詹婉华.专业学位"职业性"属性的探讨[J].江苏高教,2008(4).

[64] 张东海,陈曦.研究型大学全日制专业学位研究生培养状况调查研究[J].高等教育研究,2011(2).

[65] 张海英.我国专业学位教育发展策略研究[D].天津:天津大学硕士学位论文,2006.

[66] 张继平,董泽芳.德国研究生教育发展探析[J].江苏高教,2009(3).

[67] 章晓莉,郁诗铭.我国专业学位硕士研究生培养模式的反思与改革[J].学位与研究生教育,2012(10).

[68] 中华人民共和国教育部发展规划司.中国教育统计年鉴(2007)[Z].北京:人民教育出版社,2008.

[69] 邹碧金,陈子辰.我国专业学位的产生与发展——兼论专业学位的基本属性[J].高等教育研究,2000(5).

[70] Bulletin of Yale University [EB/OL]. http://www.Yale.edu/printer/bulletin/pdf/index.htlm.

[71] Burton R. Clark. The Research Foundations of Graduate Education [M]. California: University of California Press, 1993.

[72] Clifton F. Conrad, Jennifer C. Haworth, Susan B. Millar. A Silent Success: Master's Education in the United States[M]. Baltimore The Johns Hopkins University Press, 1993.

[73] Courses at Bangor University [EB/OL] http://www.uniguru.com/study abroad/postgraduate/uk/all-university-courses/Bangor-University-courses/3769/1/programs.html.

[74] Harvard Business School. Application Process [EB/OL]. http://www.hbs.edu/mba/administrations/application-process/Pages/default.aspx.

[75] Higher Level Education System [EB/OL] http://www.postgrad.ie/study abroad/germany/higher education system.html.

[76] IIT Armour College of Engineering[EB/OL]. http://www.iit,edu/engineering/cae/program/grad/ms_ee.shtml.

[77] The University of Chicago [EB/OL]. http://grad admissions.Uchicago.edu/academics_research/programs/booth_ft_mba/

[78] UCLA. Graduate Division[EB/OL]. http://grad.Ucla.edu/gasaa/pgmrq/educ.asp.

附件一　二级学院教师下基层工作实施方案

为推进导师下基层工作，学校和学院要建立工作机制，加强过程管理，注重工作实效。具体如下：

一、组织保障

学校成立农业硕士研究生综合改革试点推进工作领导小组，由主管研究生工作的副校长担任组长，组员包括研究生院、人事处、计财处、教务处、科技处、资产处负责人及学院、导师代表。领导小组负责全面规划导师下基层工作，推动工作有序开展。

各学院成立由院长、分管研究生教育工作的副院长、学位点负责人、教研室负责人、知名教授、青年教师和实践专家等组成的研究生综合改革试点工作小组，负责本单位老师下基层工作的实施、管理、咨询、反馈工作，协助做好有关检查、验收工作。

二、宣传启动

学院召开由全体教师和全体硕士生导师组成的导师下基层动员大会，研讨研究教师下基层的工作方案，统一思想，提高认识,确保认识到位、管理到位、落实到位、责任到位。全体教师要充分认识这项工作对研究生教学、增强学生实践能力及促进研究生可持续发展的重要意义。

三、人员安排

下基层锻炼教师在农林经济管理建设学科中制定,被制定下基层的老师根据需要自愿带领所在学院1~2名农业专业硕士研究生下基层实践锻炼。

1. 教师

学院根据研究生培养工作的实际需要每年从农林经济管理学科教师中选择一到两名,并报组织人事部备案。学校在资格审查通过后按规定时间派遣,并出具学校和学院的派遣函。将选取辽宁省、市、县、区、乡、镇、街道农业基层组织单位和农业企业作为导师下基层的落脚点,尤其优先选取我校农业专业硕士研究生实践基地和我校科研基地,也希望学校能利用资源优势帮助学院找到更合适的实践基地,拓宽下基层基地的选择面。

2. 研究生

学院按照下基层教师的意愿选拔一到两名农业硕士研究生,并报学科与研究生管理处备案。

四、时间安排

导师下基层时间期限为半年。

五、政策扶持

1. 学校经费大力支持

学校每年拿出专项资金用于导师下基层工作,具体如下:

(1)教师下基层将占用半年教学工作时间,在此期间学校将减免教师相应工作量,教师在基层工作的住宿费和每月往返两次探亲的差旅费在完成相应任务返校上班并通过学校审核后凭发票全额报销。学校给每位下基层的老师按照省内出差补助的标准给予补贴,用于教师在下基层期间的伙食费补贴。此外,在下基层工作期间还享受学校午餐补贴待遇。

(2)跟随老师下基层实践的学生住宿费和每月往返两次回校的差旅费在完成相应任务返校并通过学校审核后凭发票全额报销。学校给每位跟随老师下基层的研究生按照省内出差补助的标准给予补贴,用于研究生在下基层期间的伙食费补贴。

2. 破格指导农业硕士

目前农林经济管理建设学科有教授2人,副教授6人,讲师7人,其中硕导7人,目前有三位博士由于不是副教授无法指导农业硕士,三位农业经济管理专业的博士都是35岁以下中青年教师,迫切需要下基层工作,工作后学以致用,但是学院副教授老师竞争激烈,一时难以评上。此外,硕导人数严重不足,因此希望学校能够同意给予优惠政策,下基层锻炼半年后没有副教授职称的老师可以破格晋升为农业硕士导师。

3. 增加指导硕士人数

农林经济管理建设学科目前仅有硕导 7 人,按照学科专业一体化的思路,将专业不对口的农业硕士导师调整到擅长学科,有实践经验专业对口的导师少学生多,希望学校打破界限对导师指导研究生招生名额的界限,适当增加导师指导专业硕士研究生的名额。

六、阶段总结

下基层的教师根据学科专业建设的实际需要,派出前制定计划,提出工作设想和目标,返校后写出工作总结。学院利用专题会议每学期组织至少一次导师下基层的经验交流,推进工作开展。

后　记

　　笔者硕士师从著名农业经济专家刘书琪教授,博士师从著名农业系统工程专家杨广林教授,毕业后来到大连海洋大学经济管理学院工作,至今已有10年。2007年至今,笔者从事专业硕士研究生秘书工作2年,担任专业硕士农村与区域发展领域研究生导师8年,担任专业硕士农业科技组织与服务领域研究生导师2年、担任专业硕士农村与区域发展领域学科方向负责人8年,从事专业硕士研究生招生、教学、培养和管理工作8年,拥有丰富的相关工作经验。

　　在本书撰写的过程中,笔者带领的研究团队对我国专业硕士研究生培养工作有了较系统的了解与认知,走进了我国专业硕士研究生培养热点问题的前沿领域。通过对农业硕士做法及经验的深入探讨和反复实践,我们加深了对我国专业学位研究生培养模式问题研究的理解,探索出提高研究生实践能力和提升专业学位研究生培养质量的有效途径。

　　2013年年初,笔者决定对已取得的相关研究成果进行系统化梳理,同时结合10年来的专业硕士研究生管理工作经验对我国专业学位研究生培养模式进一步深入研究。研究过程中,就相关内容反复推敲,查证了大量资料,最终形成了《我国专业学位研究生培养模式研究——农业硕士做法及经验》一书。

在本书写作过程中，得到了大连海洋大学副校长胡玉才，大连海洋大学学科与研究生管理处副处长高雪梅、副处长殷旭旺，大连海洋大学经济管理学院刘广东教授、贺义雄副教授，大连市人民政府发展研究中心张芳主任、杨大海副主任、鲁岩副主任、王玲处长、祁永梅处长的大力支持，在此表示诚挚的感谢。同时，对于大连海洋大学李静茹、马雪菲、孙谦、于旭蓉、李枫、谭光万等相关同仁和沈莹莹、蒋佳佳、王超、刘楠等同学在本书写作过程中给予的无私帮助，一并致谢。

感谢东南大学出版社编辑孙松茜女士为本书出版付出的辛勤劳动，感谢其他审校工作人员的工作！

作者
2017 年 6 月